职业技能等级认定培训教程

电子竞技员

（五级）

中国就业培训技术指导中心
人力资源和社会保障部职业技能鉴定中心　组织编写

中国劳动社会保障出版社

图书在版编目（CIP）数据

电子竞技员.五级/中国就业培训技术指导中心，人力资源和社会保障部职业技能鉴定中心组织编写.--北京：中国劳动社会保障出版社，2024.--（职业技能等级认定培训教程）.-- ISBN 978-7-5167-6502-9

Ⅰ.G898.3

中国国家版本馆 CIP 数据核字第 2024L3J264 号

中国劳动社会保障出版社出版发行

（北京市惠新东街 1 号　邮政编码：100029）

*

北京华联印刷有限公司印刷装订　　新华书店经销

787 毫米 ×1092 毫米　16 开本　12.25 印张　199 千字
2024 年 7 月第 1 版　2024 年 7 月第 1 次印刷

定价：48.00 元

营销中心电话：400-606-6496
出版社网址：http://www.class.com.cn

版权专有　　侵权必究

如有印装差错，请与本社联系调换：（010）81211666
我社将与版权执法机关配合，大力打击盗印、销售和使用盗版图书活动，敬请广大读者协助举报，经查实将给予举报者奖励。
举报电话：（010）64954652

编审委员会

主　任　吴礼舵　张　斌　韩智力

副主任　葛恒双　葛　玮

委　员　李　克　朱　兵　赵　欢　王小兵　贾成千　吕红文
　　　　　瞿伟洁　高　文　郑丽媛　陆照亮　刘维伟

职业技能等级认定培训教程·电子竞技员
编审委员会

主　任　王国基　黄心渊

副主任　彭　颖　张建华　谢清风

委　员　张学广　回　璐　袁　军　黄　石　严　晨　朱小枫
　　　　张梦雨　果彤林　黄子洋　李晨楠　陈国睕　陈　野
　　　　徐潮平　赵思源　高永杰　王　淼　张　陵　许淞淋

本书编审人员

主　编　彭　颖

副主编　黄子洋　郑煜凯　刘华倩

编　者　李晨楠　赵　畅　何　玥　曹佳明　马代钏　童　罂
　　　　陈　莹　陈　默　龚博文　马可欣

主　审　朱小枫

前　　言

为加快建立劳动者终身职业技能培训制度，全面推行职业技能等级制度，推进技能人才评价制度改革，进一步规范培训管理，提高培训质量，中国就业培训技术指导中心、人力资源和社会保障部职业技能鉴定中心组织有关专家在《电子竞技员国家职业技能标准（2020年版）》（以下简称《标准》）制定工作基础上，编写了电子竞技员职业技能等级认定培训教程（以下简称等级教程）。

电子竞技员等级教程紧贴《标准》要求编写，内容上突出职业能力优先的编写原则，结构上按照职业功能模块分级别编写。该等级教程共包括《电子竞技员（基础知识）》《电子竞技员（五级）》《电子竞技员（四级）》《电子竞技员（三级）》《电子竞技员（二级 一级）》5本。《电子竞技员（基础知识）》是各级别电子竞技员均需掌握的基础知识，其他各级别教程内容分别包括各级别电子竞技员应掌握的理论知识和操作技能。

本书是电子竞技员等级教程中的一本，是职业技能等级认定推荐教程，也是职业技能等级认定题库开发的重要依据，适用于职业技能等级认定培训和中短期职业技能培训。

中国就业培训技术指导中心
人力资源和社会保障部职业技能鉴定中心

序　言

　　电子竞技，作为人类进入数字时代的产物，随着科技进步与互联网发展，应运而生、迅速崛起。这一融合了智力与体力的竞技运动，以其高超的技能挑战、严谨的职业魅力，吸引了大量年轻人的参与，逐步发展成为跨行业、跨领域的新兴产业。

　　近年来，中国电竞事业迅猛发展，其生态结构已从单一的"体育经济"向"大文化"背景下的多样性"泛电竞"拓展，成为推动社会经济发展的新动能。同时，国际奥委会对电子竞技的高度关注和支持，以及杭州亚运会上电竞项目的出色表现，都进一步提升了电子竞技在国际上的地位和影响力。

　　"求木之长者，必固其根本。"在这样的背景下，中国率先将电子竞技员列入国家职业分类大典，向标准化、职业化、规范化迈进。这一举措具有全球创新引领意义，为电子竞技的健康发展提供了有力保障。受人力资源和社会保障部职业技能鉴定中心委托，由中国文化管理协会组织编写的《电子竞技员国家职业技能标准（2020年版）》，于2020年12月由人力资源社会保障部正式颁布，标志着电子竞技职业化进程迈入了高速发展阶段。

　　为了满足电竞行业对高素质人才的需求，中国文化管理协会受中国就业培训技术指导中心、人力资源和社会保障部职业技能鉴定中心委托，组织开发了电子竞技员职业技能等级认定培训教程。这套教程严格按照《电子竞技员国家职业技能标准（2020年版）》编写，力求内容全面规范，注重技能分级提升，满足就业岗位需要。

　　教程编写工作克服了职业内容复杂、岗位类型众多等困难，广泛征求了行业内外专家的意见和建议，历时近两年完成，为全球第一套电子竞技员职业技能等级认定培训教程。

　　教程结合我国电子竞技行业的实际情况，注重内容的科学性和实用性，既展现了全球化的国际视野，又体现了本土化的中国特色。特别是教程在编写过程中，强调从操作单一能力到综合管理能力的提升,将个人操作训练与团队操作训练相结合,旨在培养全面发展的现代电竞人,使其具备当今社会所需求的核心能力,如反应速度、战略眼光、团队协作能力和心理素质等。教程还注重规范从业人员的职业行为,提高从业人员职业素养、理论知识和实操水平,提升就业能力。同时,教程还服务于终身职业技能培训体系构建,为国家职业技能等级制度提供资源支持,促进职业技能培训的规范化和有效性。

党和国家一直非常重视职业技能培训促进就业工作。电子竞技员职业技能等级认定培训教程的正式出版,不仅为电子竞技员职业技能培训提供了统一的标准和规范,也为电竞相关专业和方向的学历教育、社会化职业技能培训、等级认定工作提供工具支撑,有效提高职业技能等级认定质量。相信这套教程的推广使用,将为推动电竞职业规范化发展、促进电竞专业人才培养、促生电竞工作岗位和机会、助力青年创业就业贡献力量。

作为从事电子竞技国际组织和行业协会工作的一员,我深感参与并负责电子竞技员国家职业技能标准和教程编写工作的责任重大、使命光荣。我希望通过这套教程,让更多的人了解电子竞技员的职业魅力与挑战,也期待更多的人加入到这一崭新的职业中来,共同推动电竞事业迈向更高、更远的目标。

最后,我要感谢人力资源社会保障部、文化和旅游部、国家体育总局、教育部、中国文化管理协会等相关部门领导和专家对教程编写和出版的关心和指导,感谢腾讯、网易、完美世界等行业领军企业、全国各相关行业协会和单位的支持及贡献,更要感谢为顺利出版这套教程付出巨大努力的编写者和参与者。同时,我们也真诚地欢迎业界专家、从业者和爱好者提出宝贵意见,以便今后不断充实和完善。

我相信,在大家的共同努力下,中国乃至全球电竞职业化的未来一定会更加美好!

王国基

全球电子竞技联合会中国顾问

中国文化管理协会副秘书长兼电子竞技工作委员会会长

目 录 CONTENTS

职业模块 1　电竞项目操作 1

培训课程 1　电竞项目及操作基础 3
　学习单元 1　电竞项目概述 3
　学习单元 2　电子竞技基础设备 8
　学习单元 3　电竞项目操作规则 13
　课后练习 25

培训课程 2　参与电竞实战 26
　学习单元 1　电竞项目竞技状态特点 26
　学习单元 2　电竞项目内容 28
　学习单元 3　人机操作实战 62
　课后练习 80

职业模块 2　电竞战术实施 81

培训课程 1　电竞战术确认 83
　学习单元 1　竞技目标 83
　学习单元 2　竞技战术 94
　学习单元 3　根据竞技目标制定竞技战术 102
　课后练习 109

培训课程 2　电竞战术执行 110
　学习单元 1　心理素养 110
　学习单元 2　人机操作的竞技战术 119
　学习单元 3　竞技战术的沟通方法 125
　学习单元 4　竞技战术的整体实现 127
　课后练习 129

职业模块 3　电竞数据分析 ·· 131

培训课程 1　电竞数据识别 ·· 133
学习单元 1　电竞平台数据识别 ··· 133
学习单元 2　电竞媒体数据识别 ··· 146
培训课程 2　电竞数据理解 ·· 152
课后练习 ·· 154

职业模块 4　电竞活动表演 ·· 155

培训课程 1　电竞专项操作演示 ·· 157
学习单元 1　电竞专项操作演示场景 ··· 157
学习单元 2　电竞专项操作演示示例 ··· 168
课后练习 ·· 181
培训课程 2　电竞专项人机操作讲解 ·· 182
学习单元 1　人机操作讲解应用场景和要点 ··· 182
学习单元 2　人机操作讲解技巧 ··· 183
课后练习 ·· 184

职业模块 ❶
电竞项目操作

培训课程 1

电竞项目及操作基础

学习单元 1　电竞项目概述

一、电子竞技的定义

电子竞技（Electronic Sports），是利用电子设备作为运动器械进行的人与人之间的智力对抗运动。这项运动是借助以信息技术为核心的各种软硬件及其营造的环境来进行的，类似于传统体育项目中的器材和场地，是电子游戏比赛达到"竞技"层面的体育项目。

电子竞技不同于网络游戏。电子竞技有明确、统一的比赛规则，具有严格的时间和回合限制；而网络游戏缺乏明确、统一的比赛规则，没有时间和回合的限制，容易使人沉迷。竞技赛事强调公平性，电子竞技职业选手秉承公正、公平的体育精神，通过人与人之间的智力和体力对抗，决出赛事胜负；而网络游戏主要是人机之间或人与人之间的交流互动，不一定需要人与人的对抗来评判结果。电子竞技注重思维能力、反应能力、心眼四肢协调能力、大局观、意志力以及团队精神，这是电子竞技与网络游戏的主要区别。

电子竞技具有竞争性、公平性、规则性和娱乐性，如图1-1所示。

电子竞技的竞争性。竞争性可以普遍理解为某个电子竞技专项的游戏规则、操作要求、策略和对抗强度等多个维度上的综合要求。值得注意的是，在对抗过程中，竞争性不是评价选手本身的各项竞

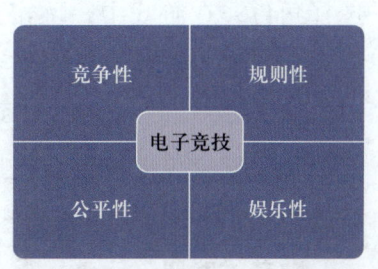

图1-1　电子竞技的四大特性

技能力，而是评价电子竞技专项在不同水平环境下，对全体参与者在操作层面和策略层面所提出的竞技能力要求的水准均值。

电子竞技的公平性。电子竞技的公平性主要表现在两方面：一是规则公平，包括权利平等、机会平等、起点公平；二是操作公平，包括执法公正、遵规守纪、信息公开。当然电子竞技的公平是相对公平，比如多人在线战术竞技类项目的BP（Ban and Pick，禁用与挑选）规则、战术竞技类项目的随机因素和体育模拟类项目的主队选择都会影响比赛的公平性。

电子竞技的规则性。每一个电子竞技项目都有具体的规则，规则作为电子竞技的基本特征，和竞争性、公平性、娱乐性互有关联。电子竞技的规则性主要体现在电子竞技项目既定的系统预设规则和竞赛对抗中所遵循的人为设定规则。电子竞技的规则是动态的，尤其以版本更新为代表。传统体育规则的变更目的主要在于完善规则、保证公平，电子竞技规则的变更目的主要在于保持平衡、增强可玩性与对抗性。

电子竞技的娱乐性。电子竞技的娱乐性主要体现在自身进行电子竞技活动以及观赏他人电子竞技赛事活动两方面。游戏本身可以给人带来精神上的享受与愉悦，同时，竞争激烈的比赛场面也兼具观赏性。娱乐性是电子竞技项目生存与发展的必要因素，娱乐性越强，生命力越强，电子竞技项目的寿命也会相应延长。随着电子竞技运动及其产业的发展，其娱乐性除项目本身外，还包括IP的娱乐化开发、文体旅的结合等。

二、MOBA类项目概述

MOBA（Multiplayer Online Battle Arena，简称MOBA）类项目，中文全称为多人在线战术竞技游戏。一般在这类游戏中，玩家会被分为人数对称的两队在同一张游戏地图中进行游戏战斗。两队分为对立的两个阵营，玩家在进入对战前需要选择角色；在游戏中，玩家只能操作自己选择的角色；在对局进行时，玩家一般需要获取经验经济、购买装备、寻求团队配合等。区别于以星际争霸为代表的传统即时战略游戏，MOBA类项目通常无需操作游戏中常见的建筑群、资源、兵种等单位，玩家仅需控制自己所选的角色。MOBA类项目的典型代表有DOTA2、英雄联盟、300英雄、王者荣耀、梦三国2、决战！平安京等。

1. 英雄联盟

英雄联盟（League of Legends，简称LOL）是一款由美国拳头公司开发、2009

年发布的第三人称视角 5V5 多人在线战术竞技游戏,也是首款提出 MOBA 概念的电子竞技项目。

英雄联盟包括多种可以让玩家选择的游戏模式和地图,并拥有排位、符文等特色系统。在游戏中,玩家将扮演一位召唤师,与 AI(人工智能)或真人玩家控制的英雄对战,摧毁敌方基地即获得游戏胜利。

该项目具有成熟的电子竞技赛事体系,除各赛区职业联赛外,每年还会举办"英雄联盟季中冠军赛""英雄联盟全球总决赛""英雄联盟全明星赛"三大世界级赛事。2018 年 5 月 14 日,英雄联盟加入亚运会,成为表演项目之一。2021 年 11 月 5 日,英雄联盟成为第 19 届亚运会电子竞技比赛项目,这是电子竞技首次成为亚运会的正式比赛项目,项目所获得的奖牌将计入国家奖牌榜。

2. 王者荣耀

王者荣耀是由腾讯游戏天美工作室群开发并运行的一款运营在 Android(安卓系统)、iOS(苹果系统)平台上的 MOBA 类国产手游,于 2015 年 11 月 26 日正式公测。王者荣耀的欧美版本即传说对决(Arena of Valor),于 2018 年在任天堂 Switch 平台发售。

王者荣耀自上线以来不断推陈出新,视觉全面升级,王者荣耀 2.0 时代到来:全景沉浸式大厅、国风配色、传统饰形、山水云纹,更加具有东方神韵;通过引入次世代技术,全面提升画质,呈现超高清峡谷地图;开发者和用户能够通过王者天工编辑器,创造独特的王者玩法;游戏内的匹配机制、信誉积分、实时审判等对局相关系统也在持续迭代优化中,全方位提升召唤师的对局体验。

3. 梦三国 2

梦三国 2 是由杭州电魂网络科技股份有限公司历时两年打造,在保留梦三国文化背景和基础玩法下推出的全新国风 MOBA 大作,以正统续作的身份再次呈现在玩家面前,从画面、游戏内容到游戏系统都做了大量创新,在搭载电魂 E-soul 自研引擎下额外添加了全新的地图、英雄模型和竞技玩法。

梦三国 2 在玩法上集众家之长,开创了属于自己的特色,包括 10V10 官渡之战、5V5V5 三足鼎立多方混战以及 5V5V5V5 的四方战场地图。玩家搜集不同的英雄卡,参与各种竞技场的挑战,通过团队、阵营的配合以及个人的操作来击败对手,取得最终胜利。

2021 年 11 月 5 日,梦三国 2 成为第 19 届亚运会电子竞技比赛项目。

三、射击类项目概述

射击游戏称为 STG（Shooting Game）。射击游戏是动作游戏的一种，具有明显的动作游戏特点，"射击"需要通过一种动作方式来呈现。为了和普通的动作游戏进行区分，强调只有利用"射击"途径完成目标的游戏，才被称为射击游戏。射击游戏具体分为第一人称射击游戏（FPS）和第三人称射击游戏（TPS），代表游戏有 CS2、和平精英、守望先锋、堡垒之夜等。

1. CS2

反恐精英2，（简称CS2）是一款第一人称射击游戏，为反恐精英系列游戏的第四款作品。

游戏玩家分为反恐精英（Counter Terrorists，CT 阵营）与恐怖分子（Terrorists，T 阵营）两个阵营，双方需在一个地图上进行多回合的战斗，到达指定地图位置（爆引 C4）或消灭全部敌方方可取得胜利。

CS2 包含全新地图、角色与武器。目前，游戏中有竞技模式、休闲模式、死亡竞赛、军备竞赛、爆破模式、跳狙飞人、搭档模式、头号特训等多种玩法。

2. 和平精英

和平精英是由腾讯光子工作室自研打造的反恐军事竞赛体验类国产手游，于 2019 年 5 月 8 日正式公测。和平精英为玩家构建了一个百人同场竞技、全方面自由施展战术的游戏世界，体验拟真军事竞赛。

和平精英搭载虚幻引擎 4，充分优化游戏基础性能，最终呈现出次世代完美游戏画质。多张超大实景地图，将玩家引入超拟真竞技训练场，玩家可在其中体验丰富的环境变化，感受真实的游戏场景。

和平精英十分注重玩家的沉浸式体验，在道具方面也进行逼真的模拟设计，给玩家最真实的体验。赛场中各种拟真武器、丰富载具、空投补给、赛事装备等，均做到高程度拟真还原。无论是弹道、后坐力表现，还是射击音效，和平精英为每一把武器寻求真实的枪械特性，丰富玩家的竞技选择，为玩家带来完美的射击手感。

2021 年 11 月 5 日，杭州亚组委在第四届中国国际进口博览会上对外公布了第 19 届亚运会项目所有小项，其中包括和平精英亚运会版本。

四、其他类项目概述

1. 集换式卡牌游戏

集换式卡牌游戏（Trading Card Game，简称TCG），也被称为纸牌收集游戏（Collectible Card Game，简称CCG），是一种混合了战略桥牌构建元素和纸牌交换功能的纸牌游戏。

现今较为流行的集换式卡牌游戏为炉石传说，是一款免费的数字收集式策略类卡牌游戏。玩家可以选择扮演魔兽争霸系列中的任一英雄，从自己组合而成的套牌中轮流使用卡牌，施放强大的法术，通过使用英雄们的武器和技能，或是召唤强大的随从帮助他们击败对手。每局游戏时长基本只需十分钟，玩家可在短时间内熟悉规则并投入游戏。

2. 即时战略游戏

即时战略游戏（Real-Time Strategy Game，简称RTS），其游戏过程是即时进行而不是采用回合制。通常的即时战略游戏会有资源采集、基地建造、科技发展等元素，即时战略游戏在战略的谋定方面必须是即时的。如果一款战争游戏只有战斗时是采用即时制，而在采集、建造、发展等战略元素时是采用回合制，就不能算是即时战略游戏。此外，如果该游戏完全没有上述的战略元素，只能算是即时战术游戏。1992年沙丘Ⅱ新王朝第一次提出了"即时战略"这一术语。

星际争霸2：自由之翼作为当下广受欢迎的即时战略游戏，由暴雪娱乐公司开发并发行。和这款游戏的前身一样，游戏围绕三个物种展开：人族（人类）、虫族（一种被同化的超级物种）和神族（一种拥有巨大心灵能力的技术先进物种）。双方各选择其中一个物种进行对抗，个体与群体的选择、操作、指挥都是即时进行的。

3. 竞速游戏

竞速游戏是一种电子游戏类型，主要以第一人物或第三人物参与速度的竞争。竞速游戏包含赛车游戏、非常规的飞行竞速游戏、科幻竞速游戏、特殊竞速游戏，赛车游戏居多。赛车游戏主要是玩家控制汽车进行竞速比赛的电子游戏。它的主要游戏方式和游戏目标是玩家驾驶车辆同机器人或其他玩家比赛并试图获取胜利，游戏过程中经常营造出驾驶汽车的速度感和刺激感。

目前，较为流行的竞速游戏有QQ飞车，这是一款包含经典赛与道具赛等模式的赛车游戏，最大的特色是包含氮气加速和小喷的技能，如CW喷、进阶氮气出弯、小飘双喷、空喷、落地喷、断位双喷等。

4. 体育模拟游戏

体育模拟游戏是一款模拟体育实践的电子游戏。大多数体育模拟游戏是以现实中体育运动为原型创造出来的，包括团队运动、田径、极限运动等。有些游戏强调协同合作，如 FIFA Online（足球网游），而有些游戏则强调策略和体育管理，如 Football Manager（足球经理）。这类游戏流行于整个电子游戏的历史中，具有很强的竞争性，就像现实世界中的体育运动一样，是游戏历史上最古老的游戏题材之一。

5. 格斗游戏

格斗游戏也称为对抗格斗游戏，是一款在两个或多个玩家之间战斗的电子游戏。格斗游戏的战斗机制通常包括阻挡、格斗、反击和将攻击串联成"连击"，角色在对抗中通常使用肉搏战，一般指某种形式的武术。

第一款以格斗为特色的电子游戏是 1976 年的重量拳击。1987 年，街头霸王引入了特殊攻击。1991 年，街头霸王 2 完善并普及了许多此类游戏的游戏机制，包括引入连击的概念。20 世纪 90 年代初到 90 年代中期，诞生了许多受欢迎的格斗游戏，其中包括真人快打、铁拳等。

学习单元 2　电子竞技基础设备

一、PC 端电子竞技设备

PC 端电子竞技项目通常指通过计算机端完成的电子竞技项目，其需求的基础设备较多，对于硬件要求较高。

1. 输出设备

（1）显示器。通过 HDMI（高清多媒体接口）线、DP（显示通信端口）线、VGA（视频图形阵列）线、DVI（数字视频接口）线（见图 1-2 和图 1-3）等与主机进行连接，将计算机的运行结果可视化呈现在显示器上，给予电子竞技选手反馈。随着科技的进步，电子竞技选手对于显示器的要求也越来越高，由最初的 CRT 显示器（使用阴极射线管的显示器）发展至现在的液晶显示器。不同项目对于显示器的要求不同，通常屏幕的分辨率与刷新率越高越好。射击类项目对于屏幕的刷新率要求较高，一般为 144 Hz 和 240 Hz；同时，也需要计算机具备承载游戏本身刷新率高的能力，通常对显卡和 CPU 的性能要求也较高。

图 1-2　常见的 HDMI 线和 DP 线
a）HDMI 线　b）DP 线

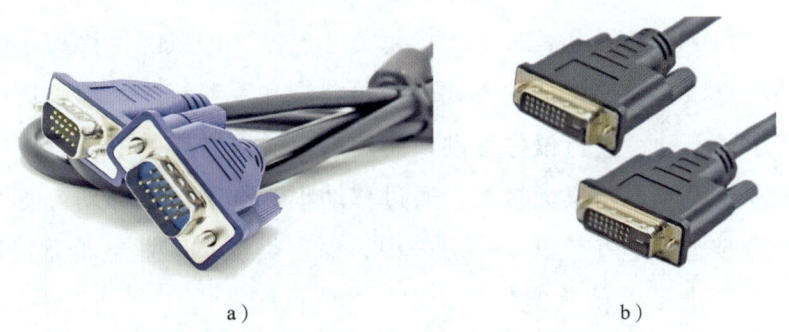

图 1-3　常见的 VGA 线和 DVI 线
a）VGA 线　b）DVI 线

（2）耳机。耳机使用音频线与处理器相连，将游戏声音传递给电子竞技选手，使电子竞技选手作出相应反馈。耳机的声道分为单声道、双声道、多声道（如环绕音）。声道又分为物理声道与虚拟声道，物理声道是加装在耳机本身上的喇叭，而虚拟声道是由计算机模拟产生的声音。从普遍意义上来讲，物理多声道优于虚拟多声道。

游戏耳机是为专业电竞玩家和电子竞技选手定制的，注重游戏的声音反馈效果及定位能力，为了满足游戏设计中的场景体验或实时反馈，通常比较侧重低频音的力度。随着科技的进步，无线耳机的出现减少了使用者的负担，更加轻量化，没有数据线的干扰（选手移动更加自由），成为越来越多电子竞技选手的选择。

如今，大部分职业电子竞技选手选择使用入耳式耳机，更加沉浸在游戏中便于听声辨位，外部套上耳罩，起到隔绝噪音及麦克风的作用。专业的指挥更会配备专业的耳机和麦克风。

2. 输入设备

（1）鼠标。鼠标是重要的输入设备，鼠标连接至计算机，在计算机上呈现指针，使电子竞技选手可以进行相应的游戏操作。通常右手操作鼠标，左手操作键盘。游戏鼠标是在传统鼠标发展的过程中专门为游戏玩家和电子竞技选手设计的，其特点是按键多，响应时间短，便于调节。在MOBA类项目中，鼠标可以实现控制单位移动、释放技能、转换视角等功能；在射击类游戏中，鼠标可以实现控制准星、瞄准、开镜、开火等功能。

1）握鼠标的姿势通常分为抓握、趴握和捏握。一般来说，不推荐使用捏握（像捏笔一样的姿势），电子竞技选手长时间使用这种姿势可能会造成腕关节损伤。目前比较通用的姿势为趴握：五指接触鼠标，使手心完全贴合鼠标。近些年流行的人体工程鼠标都是依据趴握姿势设计的。

2）鼠标的DPI（Dots Per Inch），指每英寸点数，即鼠标每移动一英寸指针在屏幕上移动的点数。移动鼠标的方式分为手腕流和手臂流。手腕流是用手腕作为支点，保持小臂不动，进行鼠标移动，使用这种操作方式的电子竞技选手DPI较高。手臂流则是手腕不与桌面接触，通过移动小臂实现鼠标移动，使用这种操作方式的电子竞技选手DPI较低。一般来说，射击类项目职业电子竞技选手的DPI较低，需要实现准星的精确定位；MOBA类项目职业电子竞技选手的DPI较高，需要去切换视角及将鼠标指针放置在相应的位置。DPI影响电子竞技选手的发挥，找到一个适合自己的鼠标移动速度是每一位电子竞技选手成功的第一步。

（2）键盘。键盘是电子竞技选手实现操作的重要设备，大部分游戏的指令都需要通过键盘来进行操控。电子竞技选手常用的键盘可以分为以下3种。

1）薄膜键盘。薄膜键盘价格便宜，防水性好，体积小，重量轻，便于携带。

2）机械键盘。机械键盘从结构上来讲，每个按键都有一个单独的开关控制闭合，一般将其称之为"轴"。依照微动开关的分类，机械键盘一般分为茶轴、青轴、红轴、黑轴，它们的有效触发键程茶轴是2 mm，青轴是2.4 mm，红轴是2 mm，黑轴是1.5 mm。机械键盘的优点是响应时间短，使用手感较其他键盘更好。机械键盘基本上是各大电子竞技设备厂商更新的对象，也是电子竞技选手的首选键盘。

3）静电容键盘。静电容键盘是利用电容容量的变化来判断按键的开和关，在按下按键后，开关中电容容量发生改变，从而实现触发。静电容键盘磨损更小，使用寿命更长。

二、手机端电子竞技设备

手机端电子竞技项目通常指通过可移动电子设备完成电子竞技项目，其需求的基础设备较少，对可移动电子设备本身的要求较高。

1. 输出设备

（1）耳机。耳机与 PC 端电子竞技项目相同，通过 AUX 接口音频线连接或者无线连接，分为入耳式和耳罩式，不同电子竞技项目的需求有所不同。

（2）屏幕。这里的屏幕为可移动电子设备自带的显示屏。随着科技的进步，现在的专业电子竞技手机显示屏的刷新率可达 144 Hz，但是使用高刷新率屏幕的设备，需要游戏本身具备相应的帧率，以满足电子竞技选手的竞赛需求。比赛中，大部分设备由赛事举办方提供，所以电子竞技选手会选择与赛事专用机同型号的设备用于日常训练。

2. 输入设备

屏幕：电子竞技选手通过触摸屏实现电子竞技操作。

三、各电子竞技项目配置要求

本小结列举了目前各主流项目最低配置需求，是设备的最低标准。不同配置会对游戏画面和观赏效果产生影响，但不会影响电子竞技选手的技术操作和战术布置，更不影响竞技的公平性。

和网络游戏、主机游戏相比，电子竞技项目对计算机的配置需求较低，如英雄联盟和 CS2 等，其 CPU、显卡等设备需求并没有随着项目版本更新而提高，反而保持在 2011 年游戏刚发布时的水平。这既代表着厂商降低电子竞技项目门槛的初衷，又反映出电子竞技项目的真正内核在于技战术的博弈，而不是电子设备性能的攀比。

1. 英雄联盟配置基本要求见表 1-1

表 1-1 英雄联盟配置要求

分类	要求
CPU	英特尔：酷睿 i3-530，AMD：A6-3650，ARM：不支持
GPU	英伟达：GeForce 9600GT，AMD：HD 6570，英特尔：HD 4600，集成显卡

续表

分类	要求
显存（VRAM）	1 G
硬盘空间	16 G HDD
操作系统架构	X86 32位、64位
内存	2 GB

2. CS2配置基本要求见表1-2

表1-2　CS2配置要求

分类	要求
处理器	英特尔®酷睿™2双核E6600或AMD羿龙™X3 8750处理器及以上
图形	显卡至少为256 MB或更高，兼容DirectX 9并支持像素着色器3.0、9.0c
硬盘空间	需要15 GB可用空间
内存	2 GB

3. 和平精英配置基本要求见表1-3

表1-3　和平精英配置要求

分类	要求
系统	安卓2.3.0或以上版本，苹果iOS 9.0或以上版本
手机存储空间	安卓安装包约1.89 G，安装新版本后，下载资源更新163 M，需要4 G可用空间（SD等存储卡内存不算在内）；苹果iOS安装包约2.41 G，由于系统原因，需要5 G可用空间
内存	2 GB

4. 王者荣耀配置基本要求见表1-4

表1-4　王者荣耀配置要求

分类	要求
系统	安卓系统4.0以上，苹果iOS7以上
处理器	高通骁龙660以上处理器，苹果A9以上处理器
内存	1 GB

学习单元 3　电竞项目操作规则

电竞项目操作规则主要是指操作界面、按键等方面的基础操作规则。本学习单元就英雄联盟、CS2、王者荣耀和云顶之弈项目进行简要介绍。

一、英雄联盟

1. 基础（默认）操作界面

图 1-4 为英雄联盟项目召唤师峡谷地图的初始游戏界面，主要分为下方中部、右下角、右上角 3 个功能模块。下面将对操作界面中的元素进行逐一讲解。

图 1-4　英雄联盟项目　初始游戏界面

（1）英雄数据。各项数据说明了英雄（召唤师）的属性，如图 1-5 所示，从左到右、从上到下的数据分别为：攻击伤害、法术强度、护甲、魔法抗性、攻击速度、技能急速、暴击率、移动速度。

图 1-5　英雄联盟项目　英雄数据

1）攻击伤害（AD）。攻击伤害也称为物理伤害，代表基本自动攻击造成的伤害。涉及攻击伤害的能力和物品的数字显示为橙色。

2）法术强度（AP）。法术强度主要增强召唤师的技能伤害。与法术强度相关的能力和项目的数字显示为绿色。

3）护甲。护甲是一种防御属性，可以减轻受到的物理伤害，计算方法如下：

$$减免后伤害 = 原始伤害 \div [1 + (护甲 \div 100)]$$

4）魔法抗性（MR）。魔法抗性是护甲的对应防御属性，可以减轻受到的法术伤害，计算方法如下：

$$减免后伤害 = 原始伤害 \div [1 + (魔法抗性 \div 100)]$$

5）攻击速度（AS）。攻击速度是召唤师自动攻击的速度。

6）技能急速。技能有冷却时间，表示技能在再次施放之前需要等待的时间。缩短冷却时间可以让召唤师更频繁地施放技能。

7）暴击率。暴击会使召唤师的自动攻击造成成倍伤害，暴击率为暴击的概率。

8）移动速度（MS）。移动速度代表召唤师在地图上移动的速度，可以通过能力和物品（如靴子）来增加。

（2）技能栏如图1-6所示。

图1-6 英雄联盟项目 技能栏

英雄联盟项目默认技能键为Q-W-E-R，这4个技能为英雄的主动技能，需要电子竞技员按下相应键位进行施放。技能的效果取决于各个英雄本身，升级技能可以增强伤害效果、降低冷却时间、加大法力消耗等。同时，每个英雄都具有独特的被动技能，不需要电子竞技员进行主动施放。

此外，电子竞技员还必须选择两个召唤师技能，如图 1-7 所示。召唤师技能有各自的用途和冷却时间。

图 1-7　英雄联盟项目　召唤师技能

（3）装备栏如图 1-8 所示。装备栏有 6 个装备挡位和 1 个饰品挡位，并可显示当前可使用的金币数量。

图 1-8　英雄联盟项目　装备栏

（4）小地图。小地图是在操作界面上以缩小版的形式表示游戏地图的一个元素，位于操作界面的右下角，如图 1-9 所示。它实时地显示了建筑、英雄、士兵、中立资源的位置和状态。小地图主要由团队视野和被战争迷雾所覆盖的不可见区域构成，在小地图上分别由亮色和暗色区分开来。小地图是用来了解整个地图状况、敌方动向的主要手段。

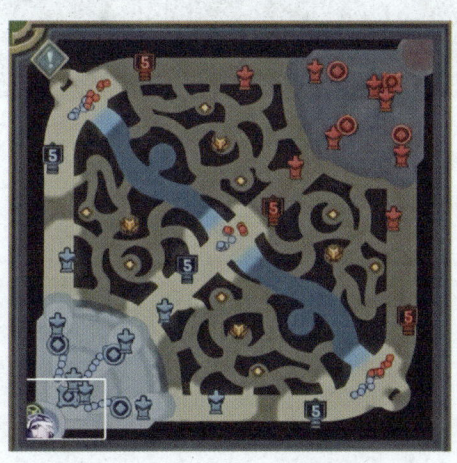

图 1-9　英雄联盟项目　小地图

（5）计分板。计分板位于操作界面的右上角，如图1-10所示，从左到右显示双方击杀总数、召唤师击杀/死亡/助攻详情、召唤师补兵数量以及对局时间；计分板下方显示当前网络情况。

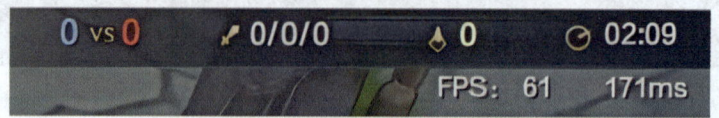

图1-10　英雄联盟项目　计分板

2. 基础按键操作

英雄联盟项目主要键位为Q、W、E、R 4个英雄技能键和D、F 2个召唤师技能键，数字1~7为道具和饰品键，如图1-11所示。主要键位的具体介绍及其他辅助键位功能介绍见表1-5。

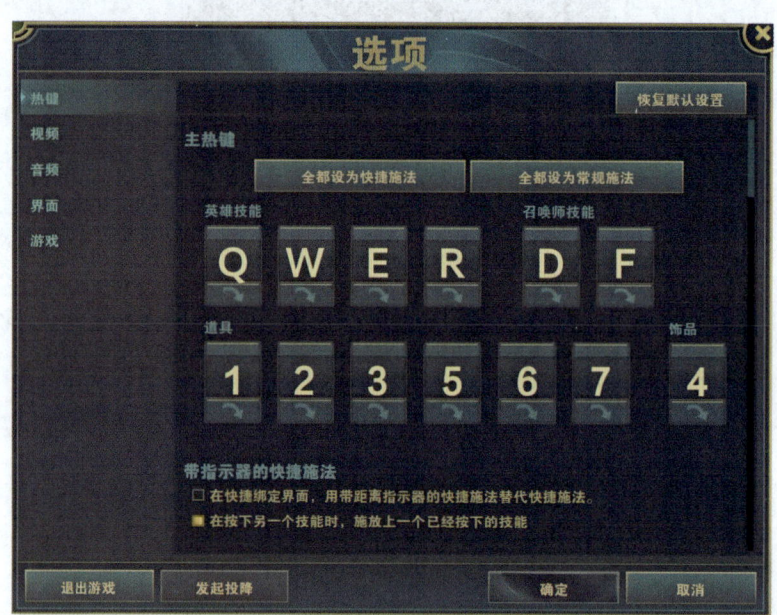

图1-11　英雄联盟项目　主要键位

表1-5　英雄联盟键位介绍

键位	描述
Q	第一技能。对于以英雄为目标的技能，通过左键单击英雄或按F1~F5来定位团队成员。W、E、R与此相同
W	第二技能
E	第三技能

续表

键位	描述
R	第四技能（终极技能）
Ctrl + Q	为英雄的第一个技能升级
Ctrl + W	为英雄的第二个技能升级
Ctrl + E	为英雄的第三个技能升级
Ctrl + R	为英雄的终极技能升级
Alt + Q 或 Q + F1	对自己施放第一个技能
Alt + W 或 W + F1	对自己施放第二个技能
Alt + E 或 E + F1	对自己施放第三个技能
Alt + R 或 R + F1	对自己施放终极技能
Shift + Q	智能施放英雄的第一技能
Shift + W	智能施放英雄的第二技能
Shift + E	智能施放英雄的第三技能
Shift + R	智能施放英雄的第四技能
A 或 X 或 Shift + 右键单击	攻击移动（英雄移动到点，停下来攻击沿途的任何敌人）
Alt + 右键单击	命令宠物（例如提伯斯）
S	停止命令
J	保持命令（保持与停止类似，但在按住时会切换）
D	施放第一个召唤师技能
F	施放第二个召唤师技能
1～3、5～7	在相应的装备栏中使用消耗品
1～3、5～7	在相应的装备栏中使用主动激活的装备效果
4	使用饰品
B	回城
Esc	关闭当前窗口，例如关闭商店
C	打开高级英雄统计面板
G	警告信号
H	原地待命
Y	锁定自身视角
Spacebar	快速切回自身视角
O	打开比赛统计页面/排行榜
Tab	打开比赛统计页面/排行榜（与 O 不同，释放 Tab 按钮时屏幕将消失）

续表

键位	描述
V	撤退信号
Ctrl + L	开/关单位生命槽
Shift + L	显示生命条
Shift + K	开/关召唤师名称
P	打开商店
方向键	沿相应方向调整视角
Alt + 左键单击	快速警告信号
Ctrl+ 左键单击	快速撤退信号
F2 ~ F5	将视角移动到对应的友方
F12	截图
Enter	创建聊天光标
Ctrl+F	切换每秒帧数和延迟显示
Z	打开聊天记录

二、CS2

CS2 中的移动、射击与大部分的射击游戏相似，表 1-6 ~表 1-9 和图 1-12 将介绍 CS2 默认的游戏键位和键盘按键对照。电子竞技员也可以对键位进行修改，进行自定义设置。

表 1-6　CS2 方向键

方向键	描述
A	向左移动（平移）
D	向右移动（平移）
S	向后移动
W	向前移动
I	切换物品栏显示
Shift	行走
Spacebar	跳跃
Ctrl	下蹲

表 1-7　CS2 武器键位

武器键位	描述
E	使用
MOUSE1（鼠标左键）	开火
MOUSE2（鼠标右键）	第二开火（开镜）
R	装填弹药
MWHELLUP（滑轮向上）	选择上一武器
MWHELLDOWN（滑轮向下）	选择下一武器
Q	切换上次使用的武器
G	丢弃武器
F	检视武器
B	购买菜单
F3	自动购买
F4	重新购买
1	主武器
2	副武器
3	近战武器
4	切换投掷物
5	炸弹 & 陷阱
6	高爆手雷
7	闪光震撼弹
8	烟雾弹
9	诱饵弹
0	燃烧瓶
T	涂鸦菜单

表 1-8　CS2 UI 键位

UI 键位	描述
TAB	计分板
M	选择队伍
~	切换至控制台

表 1-9　CS2 聊天选项键

聊天选项键	描述
MOUSE3	玩家信号
U	团队消息（己方）
Y	聊天消息（全体）
K	使用麦克风

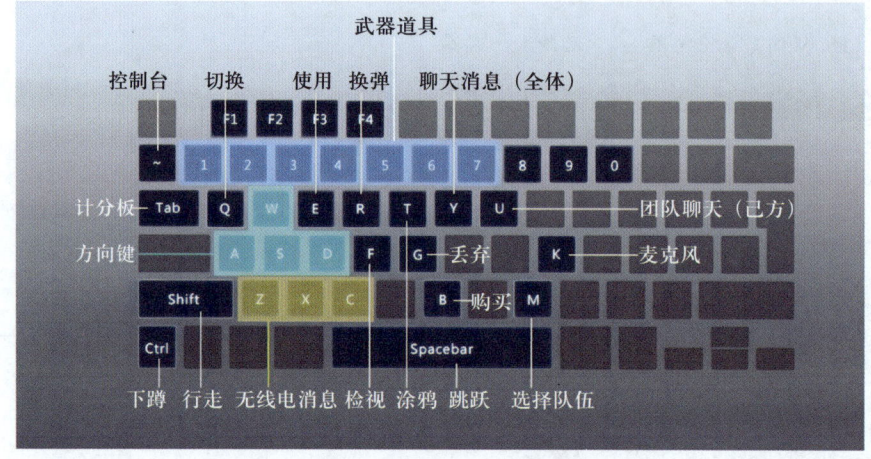

图 1-12　键盘按键对照

三、王者荣耀

1. 基础（默认）操作界面

王者荣耀基础（默认）操作界面如图 1-13 所示。

图 1-13　王者荣耀基础（默认）操作界面

（1）屏幕左侧元素（从上往下）。

1）小地图：全局地图，可放大。

2）扳手：人机训练模式中的对局设置。在正式比赛中，该处会显示双方十名英雄的存活和阵亡情况。

3）金币/商店：显示当前持有的金币数额，点击可打开商店购买/出售装备，如果使用了推荐套装或预购功能可以快捷购买装备。

4）摇杆：拖动摇杆控制角色移动。

（2）屏幕右侧元素（从上往下）。

1）对局计时器：显示对局开始的时间。

2）FPS、延迟和设备电量显示。

3）游戏设置。

4）对局比分（人头比）。

5）自己的KDA（击杀、死亡、助攻）数。

6）计分板。点击打开计分板，显示对局详细战况，主要包括全局存活/阵亡情况，经济及资源对比，每位玩家的KDA数、出装情况、赏金情况等。

7）交流：进攻、撤退、集合的快捷信号和发送信息。

8）展开：英雄属性及技能详情面板。

9）英雄技能面板：显示自己拥有的主动技能（3个或4个）及其主要功能、等级和冷却情况。

10）通用技能面板：所有英雄具备的3个通用技能。回城技能，点击吟唱回城，受到伤害会被打断；回复技能，对自己进行少量的生命值和法力值回复；召唤师技能（可选），在对局开始前选择一个召唤师技能携带，图中为最常见的召唤师技能"闪现"，可以向任意方向进行一小段瞬移。

11）攻击面板：点击向非友方单位发起普通攻击。

屏幕中间为自己操控的英雄，在英雄上方显示其等级和状态（生命值、法力值，有的英雄没有法力值）以及召唤师游戏ID。

2. 操作设置的调整

基础（默认）操作界面较为适合新手和大众玩家，进阶玩家可根据自己的操作喜好在设置界面对操作设置进行调整，图1-14~图1-16为部分调整界面示意图。

图 1-14 操作设置 1

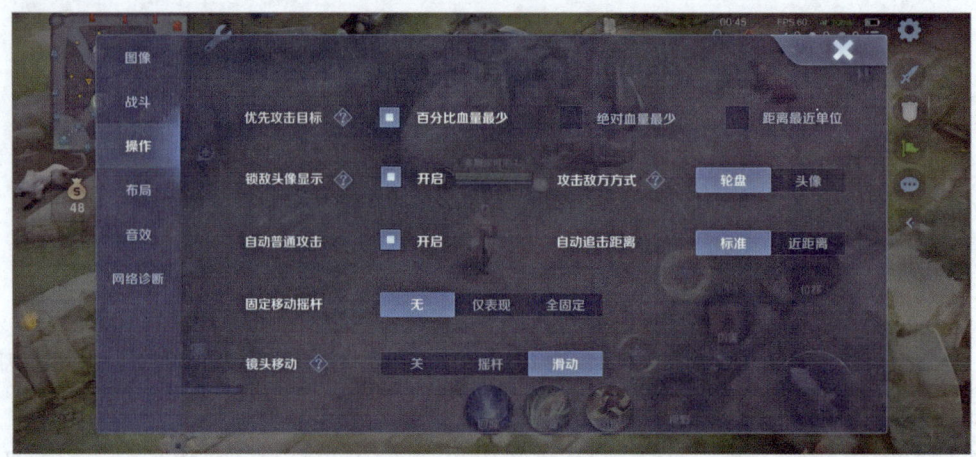

图 1-15 操作设置 2

图 1-16 布局设置

四、云顶之弈

云顶之弈是内置在英雄联盟客户端内的,以英雄联盟角色为基础的一款自走棋游戏。

1. 角色设定

(1)小小英雄。玩家在游戏中操控小小英雄进行所有对局内动作。小小英雄是一个类似于宠物造型的可爱英雄,有的来源于英雄联盟本身英雄,有的则为原创。基础的小小英雄是小河灵,如图1-17所示。绝大部分小小英雄拥有1星、2星、3星3种形态,需要玩家自行购买道具解锁。小小英雄的更换和升星只影响外观和动作,不影响实际对局。

图1-17 基础小小英雄——小河灵

(2)弈子(棋子)。弈子是自走棋游戏的核心,是战斗的主要参与者。云顶之弈中,绝大多数弈子都来源于英雄联盟的英雄本身(包括皮肤),其基本设定与英雄联盟中的英雄定位基本一致,技能也多以其本身拥有的技能为原型。弈子拥有特质(在部分自走棋游戏中被称为种族)和职业两大羁绊,若干个(有的可以是1个)相同特质或职业的弈子同时上场能够激活特质和职业羁绊,使弈子获得加成。相同的特质或职业弈子上场越多,达到解锁下一级特质或职业羁绊加成的要求,就会解锁更强大的加成。羁绊加成通常用颜色来区分等级,一般有黄铜色、白银色、金色和彩色四级。彩色羁绊的激活可遇不可求,需要一定的运气,拥有着非常强大的加成。每个版本,弈子、特质和羁绊会进行平衡性的微调,而每个赛季,弈子、特质和羁绊都会进行比较大的调整,保证玩家体验的新鲜感。

2. 游戏段位

云顶之弈的段位与英雄联盟的排位模式基本保持一致，从坚韧黑铁到最强王者。从黑铁到钻石段位，每个段位包含1到4共4个小段，每个小段共100胜点；没有晋级赛，积够100胜点则晋级下一段位。从大师段位开始，则只计算胜点。云顶之弈一局共8人参与，在段位接近的对局中，排名前4加分，排名后4减分，排名越接近两头加减分越多，排名越居中加减分越少。

3. 对局界面

云顶之弈的主要对局界面如图1-18所示。

图1-18 云顶之弈对局界面

对局界面要素主要有：

（1）屏幕左侧：当前待激活和已激活的羁绊。

（2）屏幕右侧：玩家列表，按剩余血量从高到低排列，处于连胜状态的玩家会显示燃烧特效，玩家棋子升级也会在此处有播报提示。点击玩家头像可以切换到该玩家主场界面。

（3）屏幕顶端：游戏进程，显示当前所处的阶段和将会发生的事件，以及每个回合的倒计时。

（4）屏幕下方：主要操作界面，包括自身当前等级与经验情况、购买经验值按钮、刷新商店按钮、当前商店刷新各等级弈子概率、商店列表、当前金币、当前连胜/连败情况。

（5）屏幕右下角：小地图，显示每个玩家的位置。

（6）屏幕中间（主界面）：棋盘，用于放置自己的弈子。棋盘左侧还有装备区域、强化Buff（增益）显示和金币提示；棋盘右侧平时为空，对战时将镜像显示对手的上述信息。

课后练习

1. 尝试使用电子竞技项目自带的改建功能，找到与自己操作习惯最契合的键位组合。
2. 尝试一款新的电子竞技项目，简要总结其操作规则。

培训课程 2　参与电竞实战

学习单元 1　电竞项目竞技状态特点

竞技状态在经典的运动训练理论中被严格限定在比赛前的身体和心理保持在高水平状态的阶段,但在现代运动竞赛训练的理论和实践中,训练和竞赛两个阶段相互穿插、相互促进,"赛练结合""以赛促练""以练促赛"的方法已经成为新的运动训练手段。竞技性不仅存在于高强度、高要求和运动竞赛准备阶段及过程中,在常态化的训练中也伴随着竞技性。

一、竞技状态的定义

许多研究人员将竞技状态与赛前的准备阶段、赛前等词语联系在一起。苏联运动训练学家马特维耶夫等认为竞技状态是运动员通过相应的训练形成的最佳准备状态。我国运动训练学家徐本力认为竞技状态是赛前经过较高训练程度锻炼所形成的一种高水平状态。大部分对于竞技状态的定义都包含着"一般""最佳"与"适宜"等程度性描述词汇。

一些欧美学者关于竞技状态的研究对象更加具体,如心理方面的情绪压力、疲劳、注意力等,生理方面的线粒体变化、基因与运动能力等。也有一些学者认为,运动员竞技状态的转换不仅受简单的几种生理或心理因素的影响,还可以从生理和心理状态的角度去把握运动员的竞技状态。

竞技状态,即运动员参加训练、赛前的准备与参赛过程中的生理与心理状态。

二、竞技状态的特征

1. 竞技状态的周期性

马特维耶夫认为竞技状态分"获得""保持""消失"三个阶段并逐一实现。他还依据竞技状态形成三个阶段的递进关系，相对应地把运动训练过程分为准备期、比赛期和过渡期，并为运动训练过程的不同阶段制定了相应的训练任务、训练内容以及相应的要求，从而使"训练周期"理论的应用成为可能。经过长时间的研究和努力，许多学者并不再完全认同马特维耶夫的简单化三阶段理论，但是大量的事实和经验依旧可以证明竞技状态此起彼伏的周期性。

竞技状态周期的长短、节奏与运动员的生理、心理等内部因素有关，也与当时的环境条件等外部因素有关。

在电子竞技运动中，电子竞技员的赛中竞技状态可能因为不可控因素的作用产生波动，如对手的竞技水平、场地环境、网络故障、观众影响等，这些突发事件都会对电子竞技员的竞技状态产生一段时间的影响。赛前训练时竞技状态的影响因素就更加多变和复杂。这些不可控的因素将影响竞技状态的稳定性。

2. 竞技状态的可评价性

竞技状态的可评价性是指可以通过比赛的结果来评价一段时间内竞技状态水平的高低。最佳竞技状态即电子竞技员获取优异成绩的最适宜的状态，这也是多数研究人员所谓的巅峰表现等。但是只通过结果来评价状态的高低并不是最贴切的方法。

现阶段国内外研究人员通过客观的生理指标，如心率、脑电波、身体外观摄影等，或如主观测试情绪量表、心理状态描述等来评价特定时间内运动员竞技状态，其误差更小，可重复性更高。

竞技状态的高低变化也是周期性带来的。运动员在一段时间内的竞技状态受多种内外部因素影响而变的不稳定，评价竞技状态这一工作就变得非常必要。

电子竞技运动由于其载体统计的便捷性和智能性，还可省略生理指标中肌肉相关的苛刻测量指标，使对电子竞技员的评价方式更综合、方便、多维和精确，让竞技状态的评价更易得。

3. 竞技状态的相对性

对于运动员个体来说，即便处于最佳竞技状态，最终的结果也不一定是优异的。所以竞技状态具有相对性，这也证明基于比赛结果来评价竞技状态的高低缺乏指导意义。

在同一水平层次的运动竞赛中，竞技状态的差异对最后比赛结果的决定性意义更大。例如，中国男足赢得了比赛，并不能代表在这场比赛中，中国男足达到了良好的竞技状态。电子竞技运动赛事也是如此。

4. 竞技状态的可控性

竞技状态是可以培养和调控的。运动训练的过程就是为了将许多影响因素的作用压缩在可调控的范围，通过有计划地安排训练与补偿机制，来保持适宜的竞技状态，引导运动员达到最佳竞技状态，取得更好的成绩。

有部分学者认为马特维耶夫的三阶段理论简单地将教育学理论套入运动规律中，而忽略生物系统的复杂性，无法有效促进运动员保持高水平竞技状态。但有更多的学者根据神经系统的工作规律发现，神经细胞高强度工作不能持续很久，通过恢复和放松等补偿方式来维持竞技状态的稳定是可行的。

通过对不同时期竞技状态的评价，再结合运动员生理与心理周期规律，制订完备、周密的训练计划，可以帮助运动员维持稳定且适宜的竞技状态。

学习单元2　电竞项目内容

本学习单元将介绍英雄联盟、王者荣耀、CS2、和平精英和云顶之弈项目的主要内容。

一、英雄联盟

英雄联盟项目内容将从地图、英雄、经验系统、经济系统、装备系统、视野系统、符文系统、排名系统对游戏机制进行介绍。

1. 地图——召唤师峡谷

英雄联盟项目有不同的游戏地图。在职业赛事中，电子竞技员一般使用召唤师峡谷地图，如图1-19所示。地图上有3条路径，从左至右被称为上路、中路和下路。

士兵在1分05秒开始从水晶枢纽生成（见图1-20），并在接下来的比赛中每30秒生成一轮。士兵是双方推塔的重要力量，是游戏中至关重要的角色。士兵分为四种，分别是近战士兵、远程士兵、攻城士兵（炮车）和超级兵。

图 1-19 英雄联盟项目 召唤师峡谷地图 1

图 1-20 英雄联盟项目 召唤师峡谷地图 2

（1）近战士兵：具有近战攻击范围的士兵，每个士兵波都包含 3 个近战士兵；每 90 秒升级一次，增加它们的生命值。

（2）远程士兵：具有远程攻击范围的士兵，血量较少，每个士兵波都包含 3 个远程士兵；每 90 秒升级一次，增加它们的生命值和攻击力。

（3）攻城士兵（炮车）：攻击防御塔的远程士兵。前 15 分钟内，每 3 个士兵波生成 1 个攻城士兵。15 分钟后，每 2 个士兵波生成 1 个攻城士兵。25 分钟后，每一波都会生成一个攻城士兵。

（4）超级兵：攻击力、防御力更加强大的近战士兵。摧毁敌方水晶即可自动在士兵波中生成己方超级兵，如果一个团队的所有水晶都被摧毁，则每条路径上都会为团队生成 2 个超级兵。

在通往双方水晶枢纽（敌方基地）的道路沿途布有防御塔和水晶两类建筑物，必须清除至少一条路径上的所有建筑物才能到达敌方基地，如图 1-21 所示。

防御塔：
防御塔对敌方士兵和英雄造成伤害，并为己方提供有限的战争迷雾视野。
战争迷雾：战争迷雾覆盖整个地图，限制双方团队视野。

水晶
（超级兵抑制器）：
每个抑制器受到炮塔的保护，被摧毁后敌方会在该条路径上生成超级兵。抑制器可重生，重生后可抑制敌方产生超级兵。

图 1-21　防御塔与水晶

每一方阵营都有 11 个防御塔、3 个水晶。最靠近敌方范围的塔称为一塔或者外塔，中间的叫做二塔，第三个塔在高地上，通常称为高地塔，紧靠基地的被称为门牙塔。在每一条路中，越靠近基地的塔攻击力越高，并且在靠外的建筑物被摧毁之前，不能攻击后面的建筑物。摧毁塔和水晶的顺序是环环相扣、循序渐进的。

三条路径之间是丛林（野区），其中有中立野怪和丛林植物。击杀中立野怪可以获得金币和经验，不同的野怪具有不同的刷新时间，并提供不同增益效果。最重要的中立野怪是大龙和小龙，如图 1-22 所示。

大龙
（纳什男爵）：
击杀大龙会为杀戮者的团队提供额外的攻击力、法术强度、强化回城，并大大提高附近士兵的力量。

小龙：
有五只元素幼龙和一只远古巨龙。击杀不同的龙可为己方团队获得不同的增益效果。

图 1-22　野区资源：大龙和小龙

2. 游戏角色——英雄

在英雄联盟中，电子竞技员将扮演一位召唤师，操控具有独特能力的英雄与电脑 AI 或真人玩家控制的英雄对战。每个英雄独特的技能和属性带给电子竞技员独特的体验。截至游戏版本 Ver12.8，游戏系统内共有 159 名英雄角色，见表 1-10。

表 1-10 英雄角色表

序号	英雄称号	英雄名称	加入时间	序号	英雄称号	英雄名称	加入时间
1	黑暗之女	安妮	2009年4月10日	27	冰晶凤凰	艾尼维亚	2009年7月10日
2	寒冰射手	艾希	2009年4月10日	28	邪恶小法师	维迦	2009年7月24日
3	牛头酋长	阿利斯塔	2009年4月10日	29	虚空行者	卡萨丁	2009年8月5日
4	卡牌大师	崔斯特	2009年4月10日	30	瓦洛兰之盾	塔里克	2009年8月19日
5	战争女神	希维尔	2009年4月10日	31	海洋之灾	普朗克	2009年8月19日
6	迅捷斥候	提莫	2009年4月10日	32	蒸汽机器人	布里茨	2009年8月26日
7	正义天使	凯尔	2009年4月10日	33	风暴之怒	迦娜	2009年8月26日
8	远古恐惧	费德提克	2009年4月10日	34	熔岩巨兽	墨菲特	2009年8月26日
9	雪原双子	努努	2009年4月10日	35	祖安狂人	蒙多	2009年8月26日
10	众星之子	索拉卡	2009年4月10日	36	英勇投弹手	库奇	2009年9月9日
11	符文法师	瑞兹	2009年4月10日	37	不祥之刃	卡特琳娜	2009年9月9日
12	无极剑圣	易	2009年4月10日	38	沙漠死神	内瑟斯	2009年9月30日
13	祖安怒兽	沃里克	2009年4月10日	39	恶魔小丑	萨科	2009年10月14日
14	麦林炮手	崔丝塔娜	2009年4月10日	40	大发明家	黑默丁格	2009年10月14日
15	亡灵战神	赛恩	2009年4月10日	41	兽灵行者	乌迪尔	2009年12月2日
16	武器大师	贾克斯	2009年4月10日	42	狂野女猎手	奈德丽	2009年12月17日
17	堕落天使	莫甘娜	2009年4月10日	43	圣锤之毅	波比	2010年1月13日
18	炼金术士	辛吉德	2009年4月17日	44	不屈之枪	潘森	2010年2月2日
19	时光守护者	基兰	2009年4月17日	45	酒桶	古拉加斯	2010年2月2日
20	蛮族之王	泰达米尔	2009年5月1日	46	铁铠冥魂	莫德凯撒	2010年2月24日
21	痛苦之拥	伊芙琳	2009年5月1日	47	探险家	伊泽瑞尔	2010年3月16日
22	瘟疫之源	图奇	2009年5月1日	48	暮光之眼	慎	2010年3月24日
23	死亡颂唱者	卡尔萨斯	2009年6月12日	49	狂暴之心	凯南	2010年4月8日
24	虚空恐惧	科加斯	2009年6月29日	50	德玛西亚之力	盖伦	2010年4月27日
25	殇之木乃伊	阿木木	2009年6月29日	51	离群之刺	阿卡丽	2010年5月11日
26	披甲龙龟	拉莫斯	2009年7月10日	52	虚空先知	玛尔扎哈	2010年5月20日

续表

序号	英雄称号	英雄名称	加入时间	序号	英雄称号	英雄名称	加入时间
53	狂战士	奥拉夫	2010年6月8日	82	刀锋之影	泰隆	2011年8月24日
54	深渊巨口	克格莫	2010年6月24日	83	放逐之刃	锐雯	2011年9月14日
55	德邦总管	赵信	2010年7月13日	84	远古巫灵	泽拉斯	2011年10月15日
56	猩红收割者	弗拉基米尔	2010年7月27日	85	法外狂徒	格雷福斯	2011年10月19日
57	正义巨像	加里奥	2010年8月10日	86	龙血武姬	希瓦娜	2011年11月1日
58	无畏战车	厄加特	2010年8月24日	87	潮汐海灵	菲兹	2011年11月15日
59	赏金猎人	厄运小姐	2010年9月8日	88	不灭狂雷	沃利贝尔	2011年11月29日
60	琴瑟仙女	娑娜	2010年9月21日	89	九尾妖狐	阿狸	2011年12月13日
61	诺克萨斯统领	斯维因	2010年10月4日	90	机械先驱	维克托	2011年12月13日
62	光辉女郎	拉克丝	2010年10月18日	91	北地之怒	瑟庄妮	2012年1月7日
63	诡术妖姬	乐芙兰	2010年11月2日	92	爆破鬼才	吉格斯	2012年2月1日
64	刀锋舞者	艾瑞莉娅	2010年11月15日	93	深海泰坦	诺提勒斯	2012年2月14日
65	巨魔之王	特朗德尔	2010年12月1日	94	无双剑姬	菲奥娜	2012年2月29日
66	魔蛇之拥	卡西奥佩娅	2010年12月14日	95	仙灵女巫	璐璐	2012年3月20日
67	皮城女警	凯特琳	2011年1月3日	96	战争之影	赫卡里姆	2012年4月18日
68	荒漠屠夫	雷克顿	2011年1月17日	97	惩戒之箭	韦鲁斯	2012年5月1日
69	天启者	卡尔玛	2011年2月1日	98	诺克萨斯之手	德莱厄斯	2012年5月23日
70	扭曲树精	茂凯	2011年2月16日	99	荣耀行刑官	德莱文	2012年6月5日
71	德玛西亚皇子	嘉文四世	2011年3月1日	100	未来守护者	杰斯	2012年7月7日
72	永恒梦魇	魔腾	2011年3月15日	101	荆棘之兴	婕拉	2012年7月19日
73	盲僧	李青	2011年3月28日	102	皎月女神	黛安娜	2012年8月1日
74	复仇焰魂	布兰德	2011年4月11日	103	傲之追猎者	雷恩加尔	2012年8月14日
75	机械公敌	兰博	2011年4月25日	104	暗黑元首	辛德拉	2012年9月12日
76	暗夜猎手	薇恩	2011年5月10日	105	虚空掠夺者	卡兹克	2012年9月27日
77	发条魔灵	奥莉安娜	2011年6月1日	106	蜘蛛女皇	伊莉丝	2012年10月25日
78	牧魂人	约里克	2011年6月22日	107	影流之主	劫	2012年11月13日
79	曙光女神	蕾欧娜	2011年7月8日	108	唤潮鲛姬	娜美	2012年12月7日
80	齐天大圣	孙悟空	2011年7月26日	109	皮城执法官	蔚	2012年12月19日
81	水晶先锋	斯卡纳	2011年8月9日	110	魂锁典狱长	锤石	2013年1月23日

续表

序号	英雄称号	英雄名称	加入时间	序号	英雄称号	英雄名称	加入时间
111	德玛西亚之翼	奎因	2013年3月1日	136	逆羽	霞	2017年4月18日
112	生化魔人	扎克	2013年3月29日	137	影流之镰	凯隐	2017年7月12日
113	冰霜女巫	丽桑卓	2013年4月30日	138	山隐之焰	奥恩	2017年8月22日
114	暗裔剑魔	亚托克斯	2013年6月13日	139	暮光星灵	佐伊	2017年11月22日
115	圣枪游侠	卢锡安	2013年8月22日	140	虚空之女	卡莎	2018年3月8日
116	暴走萝莉	金克丝	2013年10月10日	141	血港鬼影	派克	2018年5月31日
117	疾风剑豪	亚索	2013年12月13日	142	万花通灵	妮蔻	2018年12月5日
118	虚空之眼	维克兹	2014年2月27日	143	解脱者	塞拉斯	2019年1月25日
119	弗雷尔卓德之心	布隆	2014年5月12日	144	魔法猫咪	悠米	2019年5月14日
120	迷失之牙	纳尔	2014年8月14日	145	元素女皇	奇亚娜	2019年6月26日
121	沙漠皇帝	阿兹尔	2014年9月16日	146	涤魂圣枪	赛娜	2019年11月10日
122	复仇之矛	卡莉丝塔	2014年11月20日	147	残月之肃	厄斐琉斯	2019年12月12日
123	虚空遁地兽	雷克塞	2014年12月11日	148	腕豪	瑟提	2020年1月16日
124	星界游神	巴德	2015年3月12日	149	含羞蓓蕾	莉莉娅	2020年7月23日
125	时间刺客	艾克	2015年5月28日	150	封魔剑魂	永恩	2020年8月6日
126	河流之王	塔姆·肯奇	2015年7月9日	151	沙漠玫瑰	莎弥拉	2020年9月22日
127	永猎双子	千珏	2015年9月25日	152	星籁歌姬	萨勒芬妮	2020年10月30日
128	海兽祭司	俄洛伊	2015年11月25日	153	熔铁少女	芮尔	2020年12月10日
129	戏命师	烬	2016年2月2日	154	破败之王	佛耶戈	2021年1月21日
130	铸星龙王	奥瑞利安·索尔	2016年3月25日	155	灵罗娃娃	格温	2021年4月15日
131	岩雀	塔莉垭	2016年5月18日	156	影哨	阿克尚	2021年7月22日
132	暴怒骑士	克烈	2016年8月10日	157	愁云使者	薇古丝	2021年9月22日
133	翠神	艾翁	2016年10月5日	158	祖安花火	泽丽	2022年1月20日
134	青钢影	卡蜜尔	2016年12月6日	159	炼金男爵	烈娜塔·戈拉斯克	2022年2月17日
135	幻翎	洛	2017年4月18日				

在游戏大厅的召唤师资料里，打开"藏品"中的英雄界面，即可查看所有英雄的资料和基本信息，如图1-23和图1-24所示。

图1-23　英雄联盟项目　英雄伤害类型、操作难度、背景故事及技能视频1

图1-24　英雄联盟项目　英雄伤害类型、操作难度、背景故事及技能视频2

3. 经验系统

电子竞技员所操控的英雄可以升级，初始状态是1级，最高等级是18级，到18级之后即使再获取经验也不再升级。英雄升级可以提升基础属性、技能伤害，升级可以让英雄获得新的能力或对现有能力升级。一些物品和符文也会随着英雄的升级而变化。获取经验是英雄联盟中最为基础的一环，只有经验稳固提升才能跟上比赛的节奏，而经验压制则是战胜敌方的重要手段。在召唤师峡谷地图中获得经验的方法有以下6种。

（1）击杀英雄：给予42~990（基于敌方英雄等级）经验。

（2）协助击杀：提供28~990（基于敌方英雄等级）的总经验，由参与击杀的所有盟友平均分配。

（3）附近有敌方英雄死亡：死亡10秒内，若附近有敌方英雄死亡，无论是否协助击杀也会获得经验。

（4）附近有士兵死亡：在士兵死亡的1 600单位范围内的英雄会获得经验。

（5）附近有敌方视野被摧毁：在敌方视野被摧毁的1 600单位范围内的英雄获得经验。

（6）击杀中立野怪：击杀中立野怪可以获得经验。

4. 经济系统

经济指的是一局游戏里英雄所获得的金币，可以用来购买装备、道具和各类消耗品。在召唤师峡谷地图中，每个英雄在开局即有500起始金币。获得金币的方法如下。

（1）补刀：用最后一击击杀敌方士兵。

（2）打野：击杀中立野怪掉落的金币是不会变化的，击杀纳什男爵等大型中立资源可为全队提供金币。

（3）击杀和助攻：击杀所获得的金币取决于被杀敌方英雄的等级和战绩，一血会有额外的金币；助攻也可获得相应金币。

（4）被动收入：随着游戏时间增加，英雄可以被动地获得金币，被动金币获取在士兵生成之前不会激活，可以通过生成金币的物品（工资装）来增加。

（5）工资装：每10秒被动产生金币，一次只能携带一件。

（6）英雄特殊技能：某些英雄拥有额外获得金币的特殊技能。

（7）推倒防御塔：己方推倒敌方的防御塔或水晶后，团队每个英雄均获得额外的金币奖励。

（8）物品出售：向商店折价出售已购装备获得金币。

（9）悬赏机制：击杀优势方可以获得悬赏金。悬赏金会在计分板上显示，落后方如果击杀拥有赏金的目标，就有机会形成经济反超；双方经济差越大，经济低的一方在完成击杀后会得到更多的金币。

战略点悬赏机制是除了英雄赏金悬赏之外,劣势方追补差距的另一种方式。战略点悬赏仅会在一支队伍明显落后于对方时激活,并在小地图上以双方可见的高亮状态呈现。如果劣势方拿下了一笔已激活的悬赏,它的每位成员都将获得战略点悬赏的赏金。战略点悬赏值受经验值差距、金币差距、巨龙差距和防御塔差距4个因子影响。

5. 装备系统

(1)装备的购买。只有在泉水附近可以购买装备,通过左键点击NPC(非玩家控制角色)或按快捷键P来打开商店的交易界面进行购买。当电子竞技员正处于死亡复活状态的时候,也可以直接打开商店进行装备交易。

购买操作:左键点击某装备,点击购买按钮或双击装备的小图标即可购买成功,如图1-25所示。

图1-25 英雄联盟项目 装备购买示意图

(2)装备的分类及选择。打开商店界面,上方导航栏有推荐、所有物品、配装方案3个选项。

1)推荐:客户端根据电子竞技员选择的英雄种类推荐最适合的出装方式。

2)所有物品:对游戏内的所有物品及合成进行展示。在所有物品中,装备被分为战士、射手、刺客、法师、坦克、辅助6类。

3）配装方案：由电子竞技员个人配置最适合自己的装备合成方案。

在英雄联盟 Ver10.23 对装备系统进行更新后，将装备分为基础装备、史诗装备、传说装备和神话装备。相较之前的装备系统，电子竞技员在选择装备时目标更明确，得到的反馈更清晰。

（3）装备的合成。点击装备可以查看装备的合成层级关系。如图 1-26 所示，单击装备红水晶，通过上方的"可合成为"，可以查看红水晶可以合成的所有物品。选择上级装备燃烧宝石，可以看到燃烧宝石所需要的物品和可合成的物品。选择上级装备兰顿之兆，可以单击购买，并且可以查看装备的属性和加成。在合成关系树里的所有装备都可以点开直接购买。

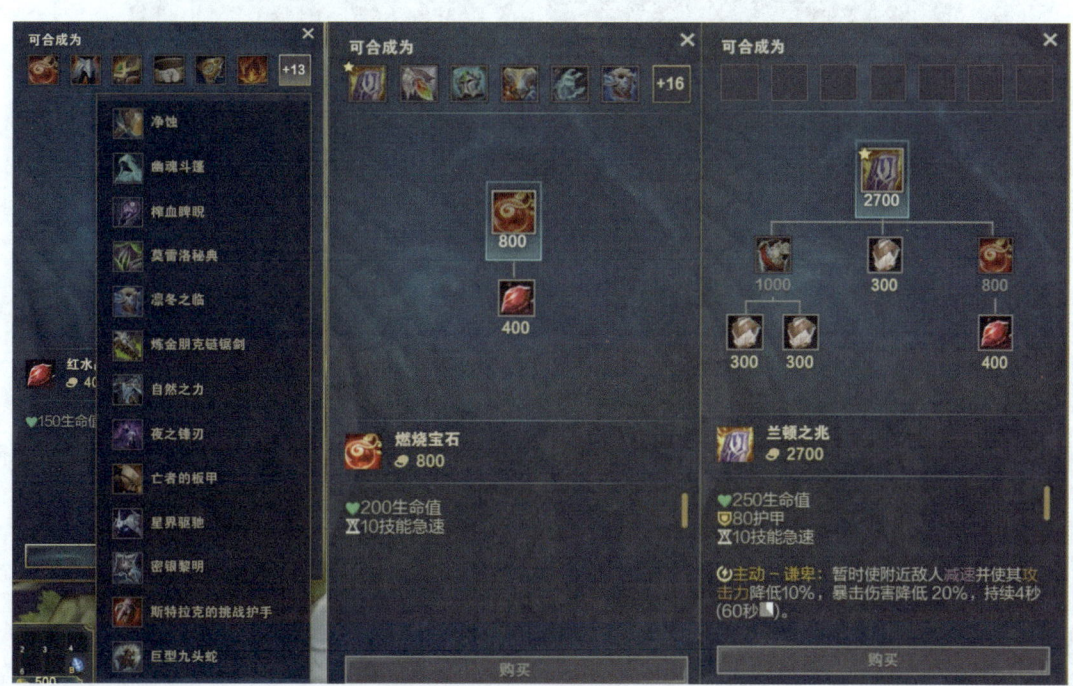

图 1-26 英雄联盟项目 装备合成系统示意图

6. 视野系统

视野指单位在当前位置和状态下能看到的范围，以圆形呈现，没有视野的地方会被战争迷雾遮盖。战争迷雾是一种黑暗的迷雾，阻止电子竞技员知晓迷雾覆盖处的情况，无法看到其中的单位、大多数技能和效果，也无法听到大多数技能的音效。一些英雄的技能可以打破限制视野的壁垒，获得无视战争迷雾的视野，如拉克丝的透光奇点。以下四种视野饰品可以帮助获得视野，如图 1-27 所示。

图 1-27　英雄联盟项目　视野饰品
a）侦察守卫　b）控制守卫　c）神谕透镜　d）远见改造

（1）侦察守卫：俗称假眼，在地上放置后进入隐形状态，对敌方隐形但会为己方队伍提供附近区域的视野。每个英雄最多可同时存储2个侦察守卫。

（2）控制守卫：俗称真眼，可提供周围的视野。这个设备还会使隐形的陷阱显形，使敌方守卫显形和失效，并使伪装的敌人显形，如痛苦之拥——伊芙琳。

（3）神谕透镜：预警隐藏的敌方单位，使隐形的陷阱显形，可使附近的敌方侦察守卫显形并暂时失效。

（4）远见改造：与其他种类视野不同的是，远见改造的范围距离有4 000码，显形4 000码内的区域并放置一个可见且脆弱的守卫，友军无法将这个守卫作为召唤师技能或英雄技能的目标。

7. 符文系统

电子竞技员可以在选择英雄时根据自己的玩法调整与自定义符文，每个符文系中都有一个最强大的符文——基石，可以根据自己操作英雄的类型和追求进行调整。

每局游戏开始前每个英雄可选定主副两系符文，主系可携带基石符文1枚，高级符文1枚，普通符文2枚；副系可携带普通符文2枚；此外，还可以选择3枚属性符文。

如图1-28所示，5符文系分别为代表强化攻击和持续伤害的"精密系"，注重爆发伤害和前往目标的"主宰系"，代表强化技能和资源控制的"巫术系"，倾向耐久和控制的"坚决系"以及拥有创造性的工具和弯曲规则的"启迪系"。

图1-28　英雄联盟项目　符文系统

8. 排名系统

英雄联盟有一个被称为天梯段位的排名系统，可以匹配技能水平相似的电子竞技员进行比赛和对抗。它包括坚韧黑铁、英勇黄铜、不屈白银、荣耀黄金、华贵铂金、璀璨钻石、超凡大师、傲世宗师、最强王者9个等级，代表玩家的技能水平。电子竞技员在赢得排位赛时获得联赛积分，系统通过增加/扣除相应的联赛积分结算游戏段位。

二、王者荣耀

王者荣耀正式比赛采用王者峡谷5V5模式（竞技征召模式），电子竞技员作为一个现实世界的召唤师操纵项目内的虚拟英雄，以摧毁敌方水晶为获胜目标进行对抗。王者荣耀项目内容将从英雄、铭文、地图、装备以及经济和经验系统来对游戏机制进行介绍。

1. 英雄

王者荣耀正式服（安卓平台和iOS平台）已经推出了108位英雄（版本

3.72.1.1），不定期会推出新的英雄。英雄根据定位可分为法师、战士、坦克、刺客、射手、辅助，不同的英雄拥有不同的属性和技能。每个英雄都有 3~4 个主动技能（部分英雄拥有 2 个形态，6 个技能）、1~3 个被动技能。另外，在高水平电子竞技员的对抗和正式比赛中还存在 BP 环节，双方不能选择同样的英雄。

2. 铭文

铭文系统类似于其他 MOBA 类项目的天赋符文系统，电子竞技员在对局开始前使用配置好的铭文来强化自己的英雄属性。应对不同阵容使用不同思路能够更有效地发挥铭文的优势，最多可使用 30 个。铭文能够提供的属性包括物理/法术攻击力、物理/法术穿透、攻击速度、移动速度、生命值、物理防御、暴击、暴击效果、物理/法术吸血、生命回复、冷却缩减等，30 个满级铭文能够提供接近一件合成装备的属性。在正式比赛中，铭文均为最高级铭文，电子竞技员可以自由选择、搭配以保证比赛公平。

3. 地图

王者荣耀正式比赛地图为王者峡谷。与其他 MOBA 类项目相似，王者峡谷主要由 3 路（对抗路、中路和发育路）、野区和高地（包括水晶、泉水）组成，不同的单位有不同的作用，如图 1-29 所示。

图 1-29 王者荣耀 5V5 地图示意图

（1）防御塔。3 路由外到内均有 3 座防御塔，称为一塔（先锋塔）、二塔（中塔）和高地塔，只有在前一座塔被摧毁后才能攻击下一座塔。防御塔会对靠近的敌方单位发起攻击，同一时间只能攻击一个单位，攻击伤害无视英雄护甲防御；连续攻击同一英雄单位伤害会逐渐增加（有上限）；除特殊技能机制，防御塔会优先攻击在防御塔攻击范围内攻击己方英雄的敌方英雄。防御塔在前 4 分钟有一定的格挡保护,并且在防御塔攻击范围内没有敌方兵线的情况下,防御塔的防御力会大大提高。摧毁防御塔的一方,每个英雄都会获得金币和经验。一方摧毁一路高地塔,将会在该路派出强度极高的超级兵进行作战。

(2)野区和野怪。3 条路之间的地区叫野区,野区各个点位都会刷新中立野怪。击杀魔种熊、魔种红隼、魔种蜥蜴、魔种雌雄猎豹和河道之灵提供金币和经验;击杀猩红石像(俗称红 Buff)提供金币、经验和攻击额外附加伤害与减速增益;击杀蔚蓝石像(俗称蓝 Buff)提供金币、经验和法力回复与冷却缩减增益;击杀暴君提供金币、经验和作战增益;击杀主宰提供金币、经验和推进增益;击杀风暴龙王提供金币、经验、感电效果和护盾增益。

(3)草丛。草丛能够隐匿身形,草丛外的敌军没有草丛内的视野。需要强调的是,王者荣耀中没有守卫(眼)来获取视野,因此更强调对草丛情况的侦察。

(4)兵线。双方的水晶每隔一段时间会产生一队兵线,兵线会提供视野,击杀士兵可以获取金币与经验(完成对士兵的最后一刀击杀才能获取全额金币)。

(5)水晶。3 座高地塔之间是有围墙的,围起来的区域就是高地。在高地中间有一个水晶,这个水晶被 3 座高地塔保护着,水晶也是决定游戏胜负的唯一标准,推倒水晶即获得游戏胜利。

4. 装备

王者荣耀的装备分为攻击、法术、防御、移动、打野和游走六大类型,如图 1-30 所示。

(1)攻击:主要提供攻击力、攻击速度、暴击、物理吸血等基础属性。

(2)法术:主要提供法术攻击、法力值、法力回复、冷却缩减、法术吸血等基础属性。

(3)防御:主要提供生命值、生命回复、物理防御、法术防御等基础属性。

(4)移动(鞋):神速之鞋(俗称草鞋、一级鞋)和六种二级鞋,主要提供移动速度属性。

(5)打野:主要提供打野属性,拥有攻击、法术、生命值和真实伤害灼烧 4 条升级路线。

(6)游走(辅助):保证游走位一定的发育,主要提供团队增益属性。

每类装备的高级装备(成装)还将提供各种类型的强大效果,常见的有附加伤害、物理/法术穿透、增加攻击距离、高额减伤/护盾/回复、减速、复活等。

图 1-30　王者荣耀装备系统示意图

5. 经济和经验系统

获取经济和经验的主要方式为击杀和摧毁敌方/中立单位，以及随时间增长。经济的用途为购买装备，出售装备只能获得购买价格 60% 的金币。经验能够提升英雄等级，学习更高级的技能。需要注意的是，王者荣耀中英雄将在 4 级解锁自己的三技能（大招），因此，到达 4 级是一个关键节点。

三、CS2

CS2 项目内容将从比赛模式、赏金机制、装备系统 3 个方面对游戏机制进行介绍。

1. 比赛模式

CS2 的比赛模式采用竞技模式，地图选择是根据赛事方安排或者双方进行 BP。竞技模式的具体内容为电子竞技员通过游戏每回合开始使用获得的金钱购买武器，消灭敌方队伍或者完成目标来获得游戏胜利。CS2 的竞技模式每回合的时间为 2 分 10 秒，前 15 秒为静止状态倒计时，此阶段可以购买物品与商讨战术，倒计时结束后方可进行移动与射击，每回合胜负判断时间为 1 分 55 秒，回合结束后仍可进行移动与射击，直至下回合开始。

CT 方回合胜利条件：阻止 T 方在目标区域引爆 C4；回合时间结束 T 方未安放 C4；全歼 T 方。

T 方回合胜利条件：前往目标区域安放 C4 并成功引爆；全歼 CT 方。

对局共进行 30 回合，率先取得 16 回合胜利的队伍获得本局对战的胜利。在

第 15 回合结束后会进行双方攻防互换，初始局重新开始，只保留前 15 回合的分数，不保留电子竞技员获得的赏金。若双方达成平局，则根据赛事规则判断是否进行加时赛，加时赛共 6 局，每 3 局进行攻防互换，率先取得 4 分的队伍获得本局对战的胜利。

2. 赏金机制

CT 方：CT 方游戏开始第一局初始金钱是 $800，第一局失败加 $1 400，每连败一局金钱奖励在原来基础上增加 $500。输掉第一局加 $1 400，手枪局失败加 $1 900，输掉第二局加 $1 900，如果还输了第三局就加 $2 400，以此类推，金钱奖励上限为 $3 400，即连输 5 局后金钱奖励达到最大值。其间如果胜利一局后其计分板上的经济补偿（loss count）格会减少一格。这与之前残酷的经济重置相比，增加了长枪局的次数，提高了比赛的观赏性。胜利时，剿灭所有敌人或者超时没有安装 C4 加 $3 250，拆除 C4 加 $3 500，拆弹者额外加 $300。

T 方：T 方起始金钱同样为 $800，T 方在失败时与 CT 方的经济奖励相同，手枪局失败加 $1 900，第一局失败为 $1 400，连败奖励上限为 $3 400。如果安装了 C4，则该局结束时多加 $800；若时间耗尽，则仍存活的 T 方没有经济奖励。胜利时剿灭所有敌人加 $3 250，C4 爆炸胜利加 $3 500，安装 C4 的 T 方额外加 $300。不同武器击败对手的赏金也不完全相同：使用手枪、步枪、机枪类武器击败敌方的赏金为 $300（CZ75 为 $100，AWP 为 $100），使用霰弹枪类武器击败敌方的赏金为 $900，使用冲锋枪类武器击败敌方的赏金为 $600（P90 为 $300），使用电击枪击败敌方的赏金为 $0，使用投掷类武器击败敌方（包括烟雾弹、闪光弹命中敌人扣除血量致死）的赏金为 $300，使用近战武器击败敌方的赏金为 $1 500。

3. 装备系统

（1）手枪。CT 方初始手枪为 P2000 和 USP 消音版（见图 1-31），可以于对局开始之前在仓库中更换装备；T 方初始手枪为格洛克 18 型（见图 1-32）。CT 方与 T 方均可购买的手枪有：CZ75、沙漠之鹰、双持贝瑞塔、P250、R8 左轮手枪。仅限 CT 方购买的手枪有 FN57，仅限 T 方购买的手枪有 Tec-9。

（2）步枪。双方均可购买的步枪有 SSG 08 和 AWP。仅限 CT 方购买的步枪有法玛斯、AUG、M4A4（见图 1-33）或 M4A1 消音型、SCAR-20。仅限 T 方购买的步枪有 AK-47（见图 1-34）、加利尔 AR、SG 553、G3SG1。

（3）重型武器。双方均可购买的重型武器有内格夫（见图 1-35）、M249、新星、XM1014。仅限 CT 方购买的重型武器有 MAG-7（见图 1-36）；仅限 T 方购买的重型武器有截短霰弹枪。

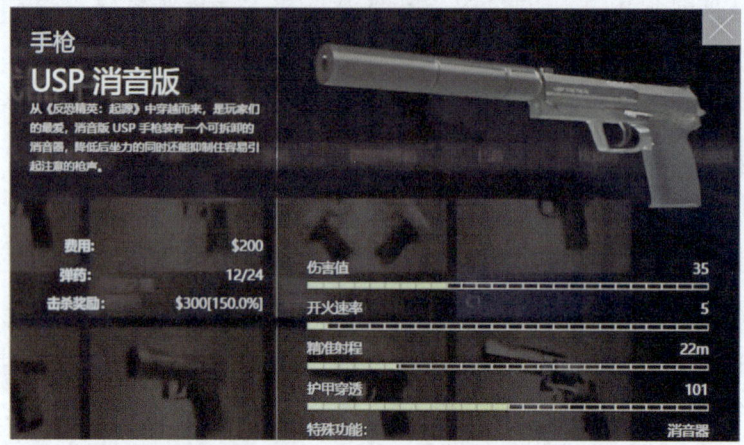

图 1-31　USP 消音版数据

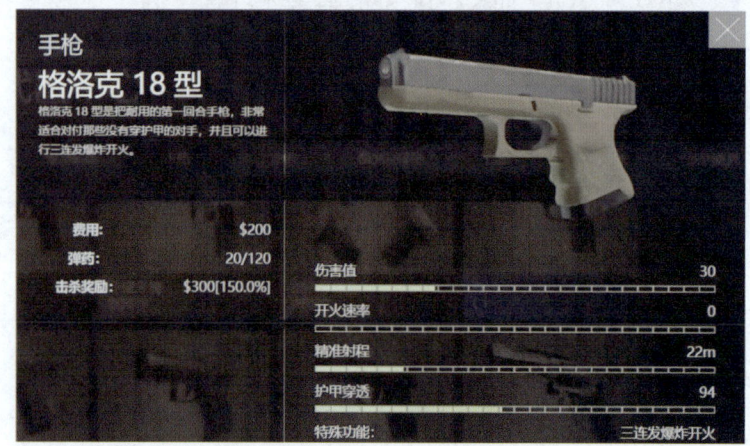

图 1-32　格洛克 18 型数据

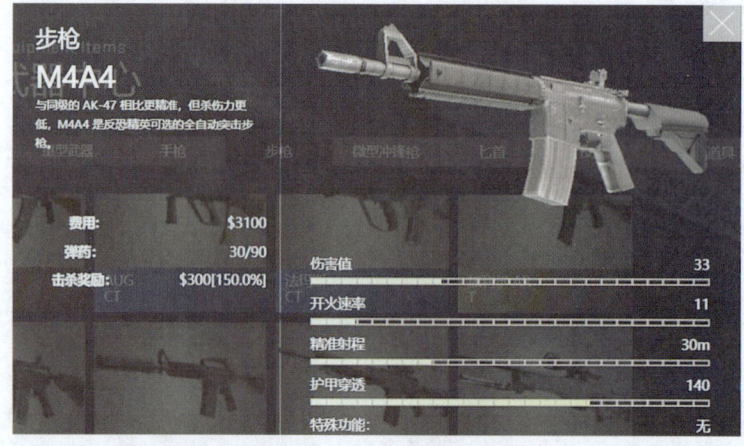

图 1-33　M4A4 数据

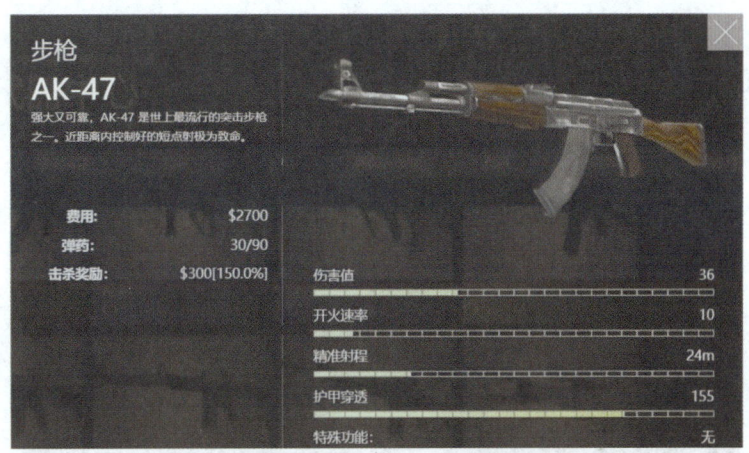

图 1-34　AK-47 数据

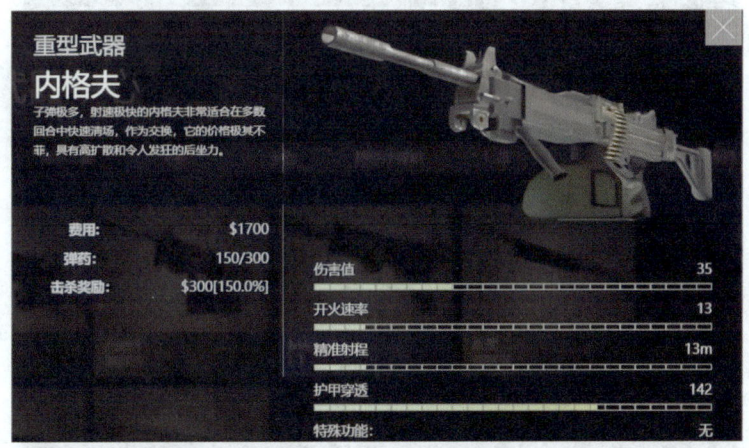

图 1-35　内格夫数据

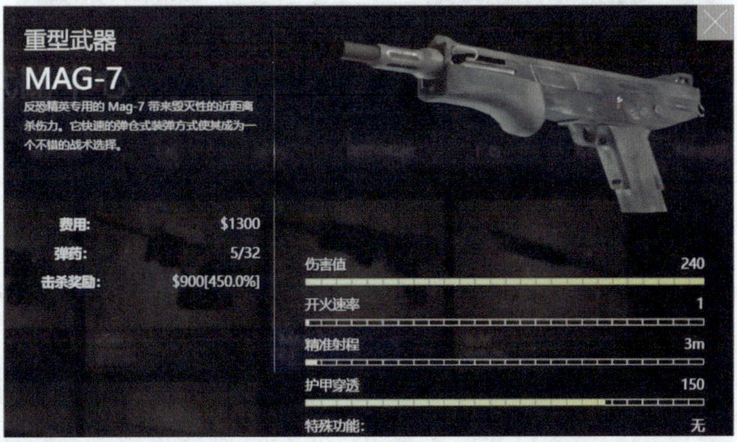

图 1-36　MAG-7 数据

（4）微型冲锋枪。双方均可购买的微型冲锋枪有 PP-野牛、MP5SD、MP7、

P90、UNP-45。仅限 CT 方购买的微型冲锋枪有 MP9（见图 1-37）；仅限 T 方购买的微型冲锋枪有 MAC-10（见图 1-38）。

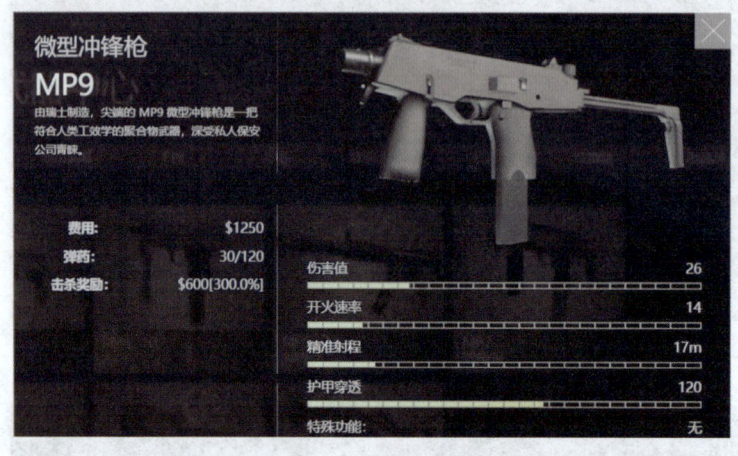

图 1-37　MP9 数据

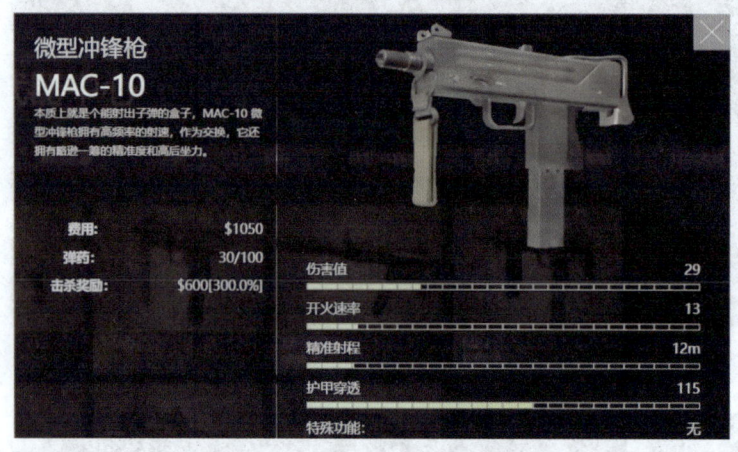

图 1-38　MAC-10 数据

（5）投掷物。CS2 除枪械道具外，还可以在游戏内选择使用其他投掷物：燃烧瓶（燃烧弹）、诱饵手雷、闪光震撼弹、高爆手雷、烟雾弹。每一种道具的功效不同，在游戏当中有许多投掷技巧，需要多加练习才能掌握。

燃烧弹投掷后可以在目标区域制造一定范围的火海，进入其中的角色将会受到伤害，随着时间增长，每秒受到的伤害也随之增加。

闪光震撼弹投掷后可以对目标地点一定范围内的角色造成短时间致盲和耳鸣的伤害效果，具体表现为屏幕变白，对电子竞技员操作角色的视线造成干扰，听到的声音变成鸣叫声，听不见旁边的开枪声或脚步声，随着时间流逝影响效果逐渐减弱。

高爆手雷投掷后可以对目标地点一定范围造成伤害，其伤害高低取决于角色与爆炸中心的距离。

烟雾弹投掷后可以在目标区域制造一定范围的烟雾，任何人的视线都会受到阻挡，可以起到软性掩体的作用。烟雾弹是射击类游戏中重要的战略道具，可以配合多种战术使用。

（6）防弹衣。防弹衣是CS2中重要的道具。有句俗语说，宁可不买枪，也要去买甲。防弹衣包括\$650的防弹衣和\$350的防弹头盔，只有在防弹衣是满值的情况下才可以购买防弹头盔，否则就需要购买全新的防弹衣，所以防弹衣加防弹头盔共计\$1 000。

防弹衣的效果是可以减少角色中弹时的伤害，降低被子弹命中时的抖动；未装备防弹衣时被敌人击中会造成强烈的抖动，导致准星失控，难以命中敌人。防弹头盔的效果是减少被爆头时的伤害。

一般T方需要去购买全甲，也就是防弹衣加防弹头盔，因为CT方除了沙漠之鹰与AWP，其他枪械在命中头部时都不会一击必杀，全甲可以给T方更大的容错空间。CT方在长枪局时可以选择购买半甲，也就是只购买防弹衣。而T方此时一般会选择AK-47与AWP，这两种枪械在命中头部时，哪怕佩戴防弹头盔也会造成超过100点血量的伤害，所以从经济角度考虑，购买半甲即可。当然也要根据对方的经济去判断对方是否购买AK-47与AWP，这里正是双方博弈的过程。

在CS2中，为了电子竞技员沟通方便，各类投掷物也可简称为道具。

四、和平精英

和平精英项目内容将从通用规则、趣味模式、游戏地图、物品道具对游戏机制进行介绍。

1. 通用规则

电子竞技员在对战过程中，虽然不能与其他电子竞技员直接面对面交易，但是可以通过拾取的方法，来交易回复药、武器、装备等道具。当敌人死亡时，将会变成一个方形的盒子，电子竞技员可以将敌人身上的掉落物拾取过来使用。电子竞技员或者通过语言功能与队友沟通好，将背包里的物品扔到地上，让需要的队友拾取，随即完成物品交易操作。

2. 趣味模式

（1）圈中圈模式。海岛地图上同时出现双信号接收圈，外层圈和内层圈之间属于安全区，电子竞技员在外层圈之外和内层圈之内时均会掉信号值。缩圈完成后内层圈即变为下一个安全区。该模式下更考验战略战术，一定程度上降低了运气成分，对局节奏也更加紧凑刺激。专属体验调整：全地图物资刷新率相较于经典模式海岛地图提升 50%，救起队友的时间缩短至 4 秒；创意工坊新玩法——圈中圈模式将计入排位分。

（2）周年庆蛋糕模式。在经典模式海岛地图内，加入周年蛋糕打卡互动场景。进入打卡区域，特种兵们的角色影像将被投射到礼物台上，并可获得礼物盒内的物资奖励；和队友一起打卡时，还可以激活场景中央的周年大蛋糕，自己和队友的影像将一起被投射到蛋糕上，同时会爆出更丰富的物资奖励。

（3）沙漠地图 2.0 模式。

1）**场景调整**：地图北部新增绿洲区域，西北部新增废墟城区，全地图内增加了部分荒野房区和道路，新增贯穿全图的极速飞车赛道。

2）**建筑物调整**：对部分建筑物的结构进行调整。

3）**专属枪械调整**：Win 94 狙击枪新增独有的 2.7 倍镜，后续只在沙漠图中刷出。

4）**专属全新载具**：黄金肌肉跑车，全地图仅在别墅区刷出一辆。

5）**专属互动物件**：自动售卖机，可随机获得能量饮料或者止痛药。

（4）端午龙舟模式。端午节期间，可乘坐气垫龙舟船，在水域和陆地上行驶，同时参与龙舟敲鼓玩法积攒能量，还可以对龙舟使用喷气加速技能；与好友一起寻找龙舟，还可以在地图特定位置参与比赛。

（5）军备团竞模式。军备团竞：4V4 竞赛，初始武器相同，通过不断淘汰对手升级自己的武器，最后使用终极武器平底锅率先淘汰对手或者倒计时结束分数高的一方将获得对局胜利。

专属地图——图书馆：首张室内场景地图，对称结构，左中右 3 条攻防路线；在图书馆的平台、门洞、书架后快速找到适合自己当前武器的点位，可以帮助特种兵们在武器弱势情况下进行反击。

3. 游戏地图

（1）主界面地图，如图 1-39 所示。电子竞技员每次进入游戏，默认在主界面地图里，主界面地图不能移动、不进行任何战斗操作。电子竞技员可在主界面地图里，去匹配队友，进入各种对战地图参与竞技。电子竞技员还能在主界面地图里，进行添加游戏好友、聊天、使用仓库里的道具、领取活动或任务奖励等操作。

图 1-39　主界面地图

（2）对战地图。游戏里的对战地图有海岛、雨林、雪地、山谷、沙漠、黄金岛 6 张地图，电子竞技员在主界面地图里，通过经典模式或娱乐模式等匹配方法，可进入到这些对战地图。

电子竞技员匹配成功后，先在训练基地进行军事训练 55 秒。55 秒过后，将会有战机搭载电子竞技员，进入到海岛、雨林、雪地或沙漠的战斗场景，去搜集各种物资，并击败其他玩家。电子竞技员在这些地图里，单局游戏时间越长，最终获得经验值、金币、积分奖励就越多。

4. 物品道具

（1）武器装备。游戏里的武器有突击步枪、冲锋枪、狙击枪、精确射手步枪、霰弹枪、轻机枪、手枪、近战武器、投掷武器等，不同的武器、使用不同的弹药有不同的伤害效果。在作战过程中，电子竞技员可手持这些武器，给敌人造成一定的伤害。这些武器只能在对战地图里获得或使用，退出对战地图后，系统将会回收所有角色的武器。

不同的枪械会有不同的射程、不同的射速、不同的伤害能力、不同的稳定性等，部分枪械还能通过补偿器、倍镜、弹夹、消声器、握把等，提高其属性效果。本部分针对突击步枪详细阐述，其他种类装备作简要介绍。

1）突击步枪。突击步枪在游戏中的刷新概率不高，具有全面兼容各类射程范围、机动灵活等特点。

① AKM 突击步枪使用 7.62 mm 子弹，拥有单发和全自动两种模式；单发伤害高是最大的优势，但后坐力很大，难以操控，如图 1-40 所示。

图 1-40　AKM 突击步枪

②M16A4 突击步枪使用 5.56 mm 子弹，拥有单发和三连发两种模式；子弹初速高，远距离点射强，三连发射速快，近战爆发力强；缺点是没有全自动模式且三连发操控较难。

③SCAR-L 突击步枪使用 5.56 mm 子弹，拥有单发和全自动两种模式；后坐力低，容易操控，精准而稳定，综合性能优异；缺点是射速不如其他使用 5.56 mm 子弹的突击步枪。

④M416 突击步枪使用 5.56 mm 子弹，拥有单发和全自动两种模式；可装配配件丰富，满配件后稳定性强，适合各种距离下使用，是一种非常全面的武器；缺点是过于依赖配件，如图 1-41 所示。

图 1-41　M416 突击步枪

⑤GROZA 突击步枪为空投武器，使用 7.62 mm 子弹，拥有单发和全自动两种模式；单发伤害高，射速快，是全自动中近距离表现最强的步枪；缺点是后坐力

较大，中远距离难以掌控，不能装配 8 倍镜、消焰器、补偿器，如图 1-42 所示。

图 1-42　GROZA 突击步枪

⑥ AUG 突击步枪为空投武器，使用 5.56 mm 子弹，拥有单发和全自动两种模式；后坐力小，是水平后坐力最小的自动步枪，易于操控，中远距离表现优秀，几乎没有明显缺点。

⑦ QBZ 突击步枪使用 5.56 mm 子弹，雨林地图专属武器，用于替换 SCAR-L 步枪，只能在雨林地图捡到该步枪；缺点是装弹速度较慢，射速较其他 5.56 口径步枪略慢。

⑧ G36C 突击步枪使用 5.56 mm 子弹，雪地地图专属武器，用于替换 SCAR-L 步枪，只能在雪地地图捡到该步枪；几乎没有任何缺点，属于全面型武器。

⑨ M762 突击步枪使用 7.62 mm 子弹，拥有单发、三连发、全自动 3 种模式；威力大、射速高，水平后坐力小；缺点是垂直后坐力较大，新手电子竞技员难以驾驭，非常考验压枪技巧，在步枪中近战能力较为优秀。

⑩ MK47 突击步枪使用 7.62 mm 子弹，拥有单发、两连发两种模式；威力大，连发模式子弹间隔小，适合中远距离点射；缺点是没有全自动模式，后坐力较大，两次连发射击间隔较大。

2）冲锋枪。冲锋枪很常见，适合中距离，爆发力度强，但精度差。

3）狙击枪。狙击枪的特点是远距离、高伤害，但射速慢，连续能力很弱，获取难度也高。

4）精确射手步枪。精确射手步枪的特点是连续射击，射速很高，连续能力极强，但伤害较狙击枪弱。

5）霰弹枪。霰弹枪的特点在于一发子弹可以射出多发钢弹，命中敌人后以命中的钢珠数来结算伤害，这也是霰弹枪虽然基础伤害很高，但必须贴身才能打出高伤害的原因。

6）轻机枪。轻机枪火力非常猛，非常适合在敌人有载具的时候进行扫射，极高的射速可以轻松将载具打爆。虽然轻机枪后坐力不大，但并不适合持续的扫射，连续的点射能够最大程度发挥它的优势，近距离的伤害不输霰弹枪。

7）手枪。手枪最容易获得，适合降落地面后，优先配备；近程稳定，精度高，远程衰减大。

信号枪可对天发射信号弹，白圈内可召唤超级空投，白圈外可召唤水陆两用装甲车。信号枪会在经典模式、特种作战等模式中投放，如图1-43所示。

图1-43　信号枪

8）近战武器。近战武器只能用于近战攻击使用，威力要比其他枪械低，但会比拳头攻击高。其中，平底锅可以挡住任何口径的子弹，如图1-44所示。

图1-44　平底锅

9）投掷武器。投掷武器是和平精英用途最广、战斗使用频率最高的道具。

①烟雾弹。烟雾弹更多的算是战略性道具,不管是进攻还是防守,都具有不错的效果。

②燃烧瓶。燃烧瓶属于创意类道具,虽杀伤力低于手雷,但在特殊房型里,燃烧瓶对木制地板的蔓延效果,会对敌人起到奇效。

③闪光弹。闪光弹能使对手失去反手打击能力,且重量轻,不太占背包空间,某些时候能起到决定性的作用。

④手雷。手雷进攻性极强,非常容易造成杀伤。所以手雷更多的用途在于进攻,或者决赛圈排点。

(2)防具。在和平精英项目中,防具有头盔、防弹衣、吉利服3种。其中,头盔和防弹衣共分为3个等级,等级越高的防具属性越好,格挡伤害的能力也就越强。头盔和防弹衣有一定的耐久度,防具等级越高耐久度越高;受到各种武器攻击后,防具耐久度将会减少;当减少为0时,防具将会不起作用,电子竞技员可通过更换新的防具,增强自身的防御能力。背包可以容纳物资,也分为3个等级,等级越高,容量越大。头盔和背包如图1-45所示。

此外,防弹衣还有一定的容量属性,电子竞技员佩戴防弹衣,可增加背包的容量属性。电子竞技员可从一些空投中,拾取到吉利服,这件衣服不带任何属性,只是起到增加隐蔽性的效果。这些防具只能在对战地图里获得或使用,退出战斗地图后,系统将会回收所有角色的防具。

图1-45 头盔和背包

1）1级头盔减伤比例是30%，1级头盔有摩托头盔，摩托头盔分为蓝色和灰色。

2）2级头盔减伤比例是40%，2级头盔有军用头盔，军用头盔分为海军迷彩和森林迷彩。

3）3级头盔减伤比例是55%，3级头盔为俄罗斯特种部队头盔。

4）1级防弹衣减伤比例是30%，背包容量增加50点，1级防弹衣有警用防弹衣。

5）2级防弹衣减伤比例是40%，背包容量增加50点，2级防弹衣有警用防弹衣。

6）3级防弹衣减伤比例是55%，背包容量增加50点，3级防弹衣有军用防弹衣。

（3）配件。在和平精英项目中，电子竞技员可使用各种配件，来加强武器的属性效果，如扩充弹容量、加快换弹速度、降低武器声音、消除枪口火光、增加枪械稳定性、减小后坐力等属性效果。

游戏里的配件有握把、枪口、弹匣、枪托、瞄准镜等。每个配件适用的武器不同，作用也不同。

这些配件只能在对战地图里获得或使用，退出战斗地图后，系统将会回收所有角色的配件。

1）如图1-46所示，握把配件主要有以下类型。

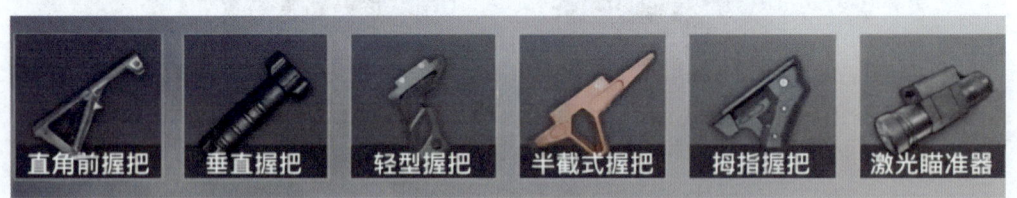

图1-46 握把

①直角前握把适用于部分自动步枪、冲锋枪、狙击枪，可增加枪械稳定性，降低水平后坐力，提升瞄准速度。

②垂直握把适用于自动步枪、冲锋枪、狙击枪，可增加枪械稳定性，抵消横向后坐力。

③轻型握把适用于自动步枪、手枪、冲锋枪、狙击枪，可增加枪械稳定性，降低后坐力。

④半截式握把适用于自动步枪、手枪、冲锋枪、狙击枪，可降低枪械后坐力，降低枪械稳定性。

⑤拇指握把适用于自动步枪、冲锋枪、狙击枪，可增加枪械稳定性，略微加快开镜速度。

⑥激光瞄准器适用于自动步枪、手枪、冲锋枪，可降低腰射时的子弹散布。

2）如图 1-47 所示，枪口配件主要有以下类型。

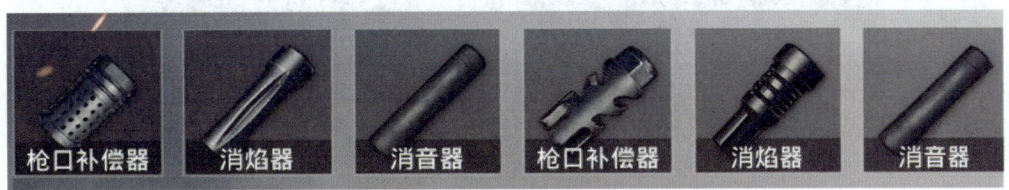

图 1-47　枪口

①枪口补偿器适用于部分冲锋枪、狙击枪、自动步枪、S12K，可减少水平后坐力以及垂直后坐力。

②消焰器适用于部分冲锋枪、狙击枪、自动步枪、S12K，可消除枪口火光且减小后坐力。

③消音器适用于部分冲锋枪、狙击枪、手枪、自动步枪、S12K，可降低武器声音，以提升隐蔽性。

3）如图 1-48 所示，弹匣配件主要有以下类型。

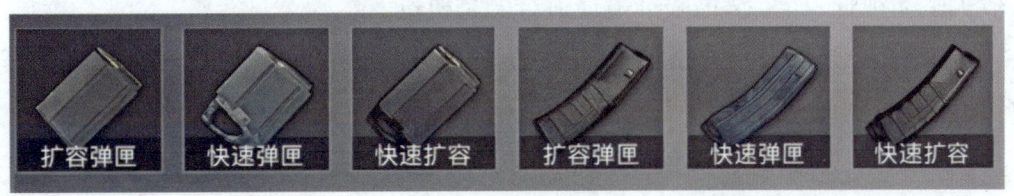

图 1-48　弹匣

①扩容弹匣适用于部分手枪、冲锋枪、狙击枪、自动步枪、S12K，增加了弹匣容量。

②快速弹匣适用于部分手枪、冲锋枪、狙击枪、自动步枪、S12K，可加快换弹速度。

③快速扩容弹匣适用于部分手枪、冲锋枪、狙击枪、自动步枪、S12K，可加快装弹速度，提升弹匣容量。

④子弹袋适用于部分霰弹枪、Kar98K、莫辛纳甘狙击步枪，可加快换弹速度。

⑤箭袋可加快武器十字弩装箭速度。

4）枪托适用于 Micro UZI，增加枪械稳定性，减小后坐力。战术枪托适用于 M416、Vector，增加枪械稳定性，减小后坐力。托腮板适用于狙击步枪，减少后坐力及晃动幅度。

5）如图 1-49 所示，瞄准镜配件主要有以下类型。

图 1-49 瞄准镜

①红点瞄准镜。红点瞄准镜是基础镜，近战瞄准镜之一，可以提高开镜速度；所有可以添加倍镜的枪械，都可以装配；只适用于近距离作战，是近距离作战的最佳瞄准镜。红点瞄准镜的作战距离比 2 倍瞄准镜短，却又比全息瞄准镜更远，性能均衡。

②全息瞄准镜。全息瞄准镜适用于所有枪械，是基础镜、近战瞄准镜，可以提高开镜速度。相比于红点瞄准镜，全息瞄准镜的近战效果更佳，不过由于准星更加复杂，所以对于稍远的敌人较难瞄准。

③2 倍瞄准镜。2 倍瞄准镜属于中小距离战斗倍镜，可以略微提升开镜速度，并放大眼前视野一倍。2 倍瞄准镜最适合的是机枪。

④3 倍瞄准镜。3 倍瞄准镜属于中距离战斗倍镜，可以将眼前视野放大至 3 倍。3 倍瞄准镜较适合扫射汽车。

6）如图 1-50 所示，高倍镜配件主要有以下类型。

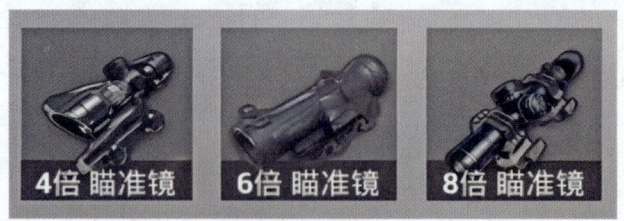

图 1-50 高倍镜

①4 倍瞄准镜。4 倍瞄准镜是一把中远距离的倍镜，适用于大部分枪械，可以将眼前的视野放大至 4 倍。4 倍瞄准镜适用于单点，不宜扫射和点射。

②6倍瞄准镜。6倍瞄准镜是一把中远距离的倍镜，适用于大部分枪械，可以将眼前的视野放大至3～6倍。6倍瞄准镜适用于单点，不宜扫射。在没有8倍瞄准镜时可暂时充当远距离倍镜。

③8倍瞄准镜。8倍瞄准镜可以将眼前视野放大至4～8倍，是远距离作战瞄准镜。8倍瞄准镜的放大倍数非常高，是狙击手的专配，适用于狙击枪和射手步枪。使用8倍瞄准镜时，角色可蹲下，略微上抬枪口，开枪后轻轻向上，再拉一下枪口（打较远处敌人），准度非常高。此外，它还可充当望远镜来使用，用来观察四周视野或者守空投。

（4）消耗型道具。回复药有绷带、能量饮料、急救包、止痛药、肾上腺素、医疗箱等，这些回复药均可在背包里叠加，叠加数量不能超出角色背包容量上限。电子竞技员消耗这些回复药后，叠加数量会减少。电子竞技员使用各种回复药时，需要消耗一些时间，在这些时间内，若执行跳跃、拿枪械等动作，将会取消使用。

大多数回复药只能将健康值恢复到75%，就不再起作用，但是电子竞技员可利用好辅助药剂，补充剩余25%的健康值。角色健康值满100点，仍可使用能量饮料、止痛药和肾上腺素。这些回复药只能在对战地图里获得或使用，退出对战地图后，系统将会回收所有角色的回复药。

1）绷带。一段时间内，恢复10健康值；角色健康值恢复到75%，就不能继续使用绷带。

2）医疗箱。一段时间内，恢复100健康值。

3）肾上腺素。使用后，立即恢复100点能量值，最大恢复86点健康值；可以提高移速，持续时间5分钟。

4）急救包。使用后，立即把健康值恢复至75%；角色健康值恢复到75%，就不能继续使用急救包。

5）止痛药。使用后，立即增加60能量值，止痛药主要用来和能量饮料配合使用，恢复满能量，用来提高移速。

6）能量饮料。使用后，立即增加40能量值，不但可以恢复健康值，还能够增加能量值。能量饮料主要用于增加移速，或者在使用急救包或绷带后，健康值到达75%时，继续增加健康值。

7）全能医疗箱。能一次性同时回满健康值和信号值。

游戏里的弹药有5.56 mm子弹、7.62 mm子弹、9 mm子弹、45ACP子弹、12

号口径子弹、300马格南子弹、弩箭、信号弹等。这些弹药可适合不同型号的枪支使用。这些弹药均可在背包里叠加，电子竞技员使用枪支消耗这些弹药后，弹药叠加数量会减少。这些弹药只能在对战地图里获得或使用，退出对战地图后，系统将会回收所有角色的弹药。

（5）载具。在和平精英项目中，载具担任的角色很多，它可以是电子竞技员的代步工具，也可以是电子竞技员的掩体，还可能成为电子竞技员的攻击武器。这些载具只能在对战地图里获得或使用，退出对战地图后，系统将会回收所有角色的载具。

电子竞技员在开车过程中若是发现突袭状况，可以将载具当成掩体，躲在载具后面与敌人交火。但是载具很可能被敌人击爆，电子竞技员一旦发现载具出现冒烟状况，要立即向后撤退，以免被炸伤。废弃后的载具安全性很高，作为掩体非常实用。

电子竞技员可以开车去撞击敌人，保证自己的生命安全。但是电子竞技员开车撞击目标时，一定要注意敌人的位置，一旦敌人把载具打爆，那么电子竞技员将会被击败。

载具可以吸引敌人。电子竞技员驾驶载具时，若是找不到其他电子竞技员，可以按响载具的喇叭，吸引其他电子竞技员的注意力，一旦敌人开火，电子竞技员便可以发现对方的位置。

载具有陆地上的汽车和摩托车、水上的船，汽车分别是蹦蹦、轿车、越野车、无棚皮卡、有棚皮卡、巴士等。不同的载具可搭载不同的人数、拥有不同的时速及有各自的优点和缺点。

五、云顶之弈

云顶之弈项目内容将从生命值系统、等级与经验系统、经济系统、装备系统、阶段与回合系统来对游戏机制进行介绍，具体将依照云顶之弈第7赛季版本——巨龙之境展开。

1. 生命值系统

云顶之弈的生命值系统较为简单，每个电子竞技员初始生命值为100，每次与其他电子竞技员对战战败或平局后会损失生命值，若生命值降为0则被淘汰。损失生命值的数值取决于当前所处阶段和对方剩余棋子的等级与数量，所处阶段越到后期、对面剩余棋子等级越高数量越多，损失生命值越多。一般情况下，生命值无法恢复。特别情况，S7版本中部分加成Buff拥有增加生命值的功能（见图1-51），也存在能够主动扣除生命值的Buff。

图1-51 增加生命值的Buff之一——小巨人

2. 等级与经验系统

在云顶之弈S7版本中，电子竞技员最多可以升到9级，电子竞技员等级也对应了阵容人口数量。等级越高，升级所需经验值越多，能抽到更高费棋子的概率越大。电子竞技员每回合会被动获得2点经验，也可以选择花费4金币提升4点经验（不限次数）。个别加成Buff也能够帮助提升等级和经验。

3. 经济系统

经济的运营是自走棋游戏的核心玩法之一。在云顶之弈中，电子竞技员的金币收入渠道包括：每回合自然增长，野怪掉落，对战获胜（奖励1金币），连胜奖励或连败补偿，售卖棋子，利息（每拥有10金币，每回合获得1金币的利息收入，最高为5金币）。特别的，部分装备和加成Buff也能增加金币收入。电子竞技员的金币使用渠道有购买经验值、刷新商店和购买弈子3种。

4. 装备系统

在云顶之弈中，装备的获取方式主要有3种：选秀，开局和每个阶段均有一次选秀，开局选秀需要电子竞技员拼手速抢夺想要的装备，后续血量更低的电子竞技员优先选取装备；打野阶段获取，击杀野怪可能会掉落装备，S7版本4~7阶段还会掉落龙之密宝，内含多件装备；特殊渠道，包括特殊Buff获得和依靠金鳞龙加成获得特殊装备。装备分为散件和成装，每两件散件可以合成一件成装。散件只拥有基础属性加成，只有合成成装才会有强大的特殊效果，如图1-52所示。

5. 阶段与回合系统

阶段与回合系统即自走棋的游戏进程系统。整局游戏分为若干大的阶段，每个阶段内又分为若干回合，回合间有空隙时间，电子竞技员可以在这段时间内进行棋子交易、升级、装备分配、站位调整等操作。在S7版本中，一局游戏通常在5阶段或6阶段结束。

进入游戏的第一回合是选秀回合，电子竞技员之间公平竞争，依靠手速和预判在转动的轮盘中争夺自己心仪的起始棋子和装备，如图1-53所示。

图1-52 云顶之弈装备合成表（S7版本）

图1-53 起始选秀回合

大多数回合为战斗回合，电子竞技员将随机与其他一名电子竞技员对战（存活人数较多时，同一阶段内同样的电子竞技员不会对战两次；存活人数为单数时，有一名电子竞技员将与"镜像"对战，"镜像"较本体弱很多，没有羁绊加成）。在战斗回合开始后，所有棋子将自行行动，电子竞技员只能进行上阵装备的操作。战斗回合如图1-54所示。

图 1-54　战斗回合

每个阶段还包括一个选秀回合（血量由低到高进行选秀），并且最后一个回合为打野回合，野怪会提供装备、金币或棋子。打野回合如图 1-55 所示。

图 1-55　打野回合

前 3 阶段，每阶段还有一个选择"巨龙圣坛"（强化 Buff）的回合。电子竞技员可以在 3 个强化符文中选择一个。每局游戏可以刷新一次强化符文选择界面，如图 1-56 所示。

图 1-56 "巨龙圣坛"选择

学习单元 3 人机操作实战

本学习单元将介绍王者荣耀、CS2、和平精英项目的入门人机操作方法。

一、王者荣耀

1. 游戏下载与安装

前往王者荣耀官方网站点击"游戏下载"扫描二维码下载（见图 1-57）或前往手机应用市场搜索"王者荣耀"下载。

图 1-57 王者荣耀官方网站下载界面

2. 账号登录

打开游戏，进入账号登录界面（如需要更新，请先等待游戏自动更新），选择"与 QQ 好友玩"或"与微信好友玩"以使用 QQ 账号或微信账号进行游戏登录，选择后将跳转到 QQ/ 微信界面进行授权。登录账号后，选择区服进行游戏（靠前的区服大多已经爆满，建议选择推荐区服登录）。王者荣耀对战匹配均为跨区服匹配，区服不同不影响对战、社交等。

3. 人机操作实战

进入游戏，选择进入新手教程，进入新手教程第一局（共两局）加载界面，如图 1-58 所示。

图 1-58　新手教程第一局加载界面

经过一段过场动画，电子竞技员进入王者峡谷，使用英雄为推荐射手后羿，系统引导为辅助蔡文姬（仅起引导作用，不参与战斗），如图 1-59 所示。

图 1-59　进入游戏

步骤一：前往发育路（蓝色方下路）。跟随 NPC 向发育路进发，到达发育路先锋塔（一塔）即可；中途还会指引购买装备，如图 1-60 所示。

图 1-60 购买装备教学

步骤二：摧毁敌方第一座防御塔。电子竞技员跟随己方士兵击杀敌方士兵并推进到敌方先锋塔下，如图 1-61 所示；攻击敌方防御塔并将其摧毁即可，如图 1-62 所示。

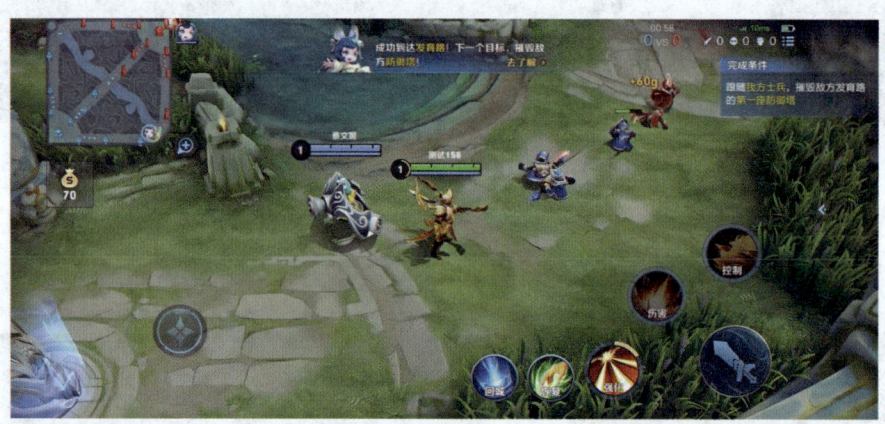

图 1-61 击杀敌方士兵教学

图 1-62 摧毁敌方防御塔教学

步骤三：摧毁敌方第二座防御塔。操作方法与上一步相同，如图 1-63 所示，区别在于此时会出现敌方英雄，如图 1-64 所示，需要对其发起进攻并击杀。

图 1-63　摧毁敌方第二座防御塔教学

图 1-64　盟友教学

步骤四：摧毁敌方高地防御塔。操作方法与上一步相同，如图 1-65 所示。

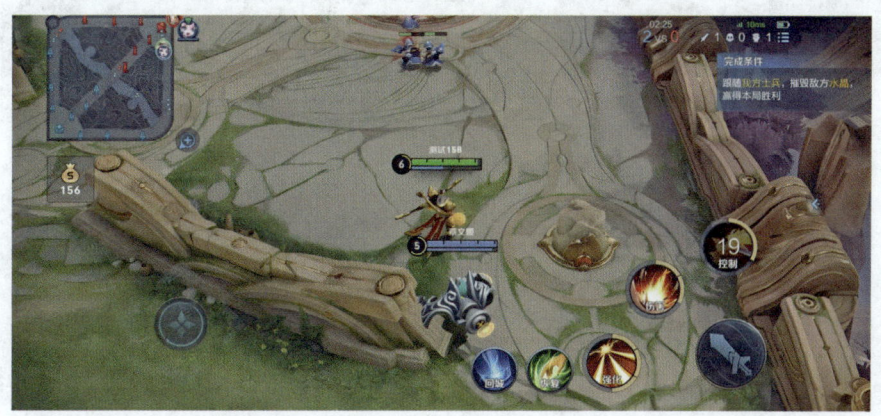

图 1-65　摧毁敌方高地防御塔教学

步骤五：摧毁敌方水晶。操作方法与上一步相同。

新手教程第一局完成，电子竞技员学习了上线、购买装备、攻击、击杀、推塔相关知识，了解了获取胜利的基本流程和条件。

接下来进入新手教程第二局，如图 1-66 所示。使用英雄同样为后羿，引导NPC 为蔡文姬（本局会参与战斗），如图 1-67 所示。

图 1-66　新手教程第二局加载界面

图 1-67　进入游戏

步骤一：重复上一局的出门上线和购买装备步骤。

步骤二：技能释放轮盘施法教学，如图 1-68 所示。

练习技能：后羿 2 技能。拖动技能图标进行瞄准释放。分别击败 2 个敌方士兵和 6 个敌方士兵，掌握释放技巧，如图 1-69 和图 1-70 所示。

练习技能：后羿 3 技能（大招）。拖动技能图标进行瞄准释放，击败敌方英雄，如图 1-71 所示。

图 1-68 技能释放轮盘施法教学

图 1-69 后羿 2 技能施法教学

图 1-70 后羿 2 技能施法练习

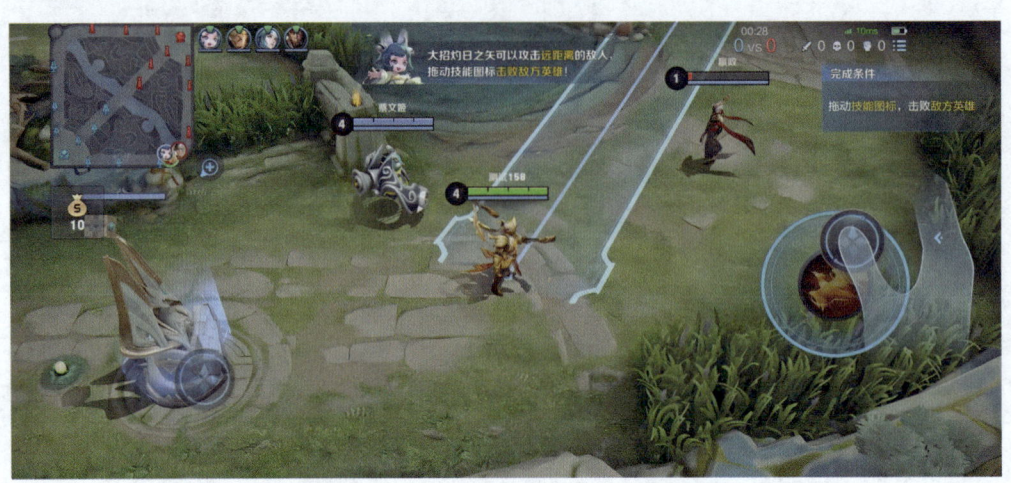

图 1-71　后羿 3 技能施法教学与练习

步骤三：恢复教学。

敌方将对后羿进行攻击，后羿进入不健康的状态，触发恢复特训，如图 1-72 所示。

图 1-72　后羿受到攻击血量减少

恢复手段 1：使用第一座防御塔背后的治疗包（触碰即可使用），如图 1-73 所示。

恢复手段 2：使用恢复技能进行治疗。注意：受到伤害将打断恢复技能治疗，如图 1-74 所示。

步骤四：草丛视野教学。敌方英雄从草丛中出现触发草丛视野特训，如图 1-75 所示。

图 1-73 使用治疗包教学

图 1-74 使用恢复技能教学

图 1-75 后羿遭受草丛埋伏

跟随 NPC 引导埋伏在草丛中，击杀敌方没有防备的残血英雄，如图 1-76 所示。

图 1-76　草丛视野特训

步骤五：重复上一局的推塔操作，取得游戏胜利。本局将会出现包括 NPC 在内的 4 个 AI 队友和 5 个 AI 对手模拟战斗场面。新手人机教程完成，如图 1-77 所示。

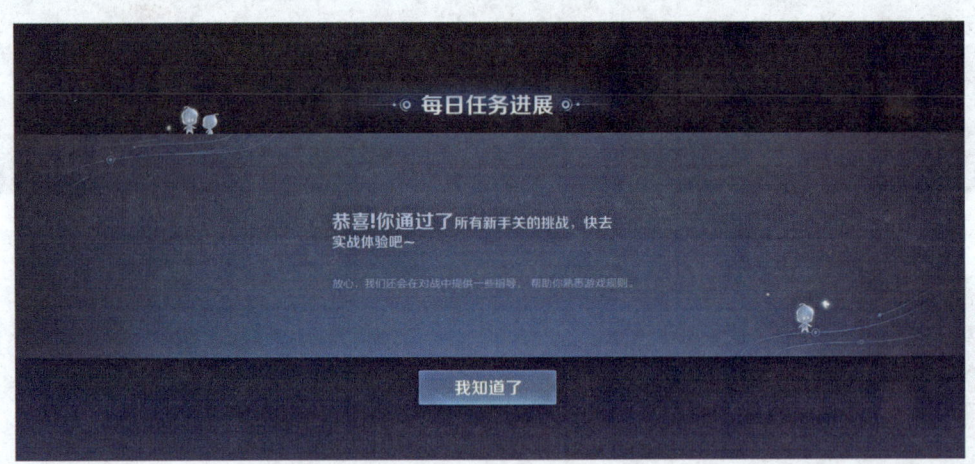

图 1-77　新手教程结算界面

二、CS2

1. 进入游戏

在 Steam 或蒸汽平台中选择商店，搜索 csgo，出现的第一个 Counter-Strike：Global Offensive 则为下载目标，单击选择下载即可，如图 1-78 所示。

图 1-78　Steam 中搜索 csgo

在库中搜索 C 并单击，然后在游戏主页中单击开始游戏，选择 perfect world 进入，如图 1-79 和图 1-80 所示。

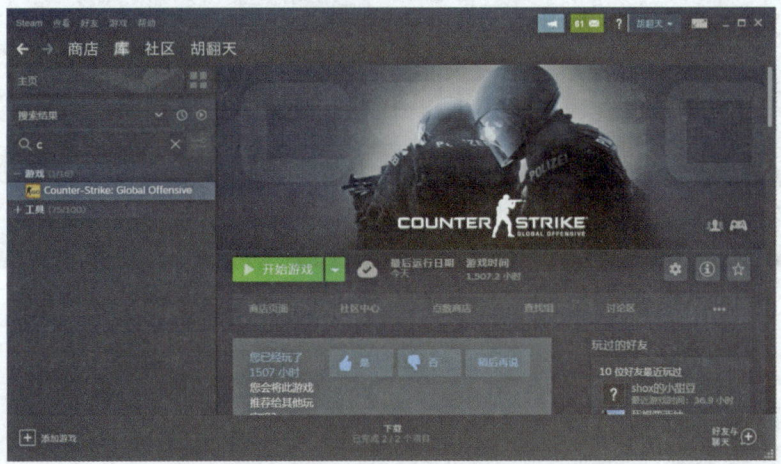

图 1-79　CS2 启动方式

图 1-80　进行游戏的方式

2. 开始人机训练

在游戏主界面单击开始按钮开始游戏（见图 1-81），选择机器人练习赛（见图 1-82）；选择需要进行的地图，将鼠标悬置在地图上就可以看到其属性，属于服役生涯地图组（即现役地图，比赛当中会出现的），还是后备生涯地图组（即现有竞技地图之外的地图）。在右上角可以调节电脑玩家的难易程度，还可以调整时长（见图 1-83）；点击开始即可进入游戏。

图 1-81　单击游戏主界面左上角开始按钮

图 1-82　机器人练习赛

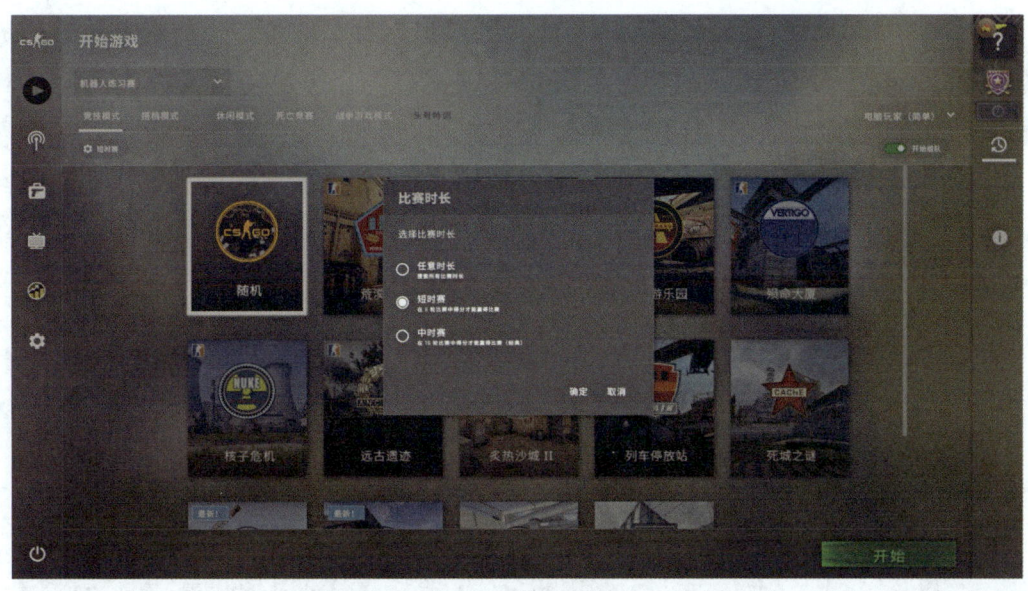

图 1-83 选择比赛时长

3. 进入本局游戏（见图 1-84）

进入游戏之后可以进行选边操作（见图 1-85），单击 T（恐怖分子）阵营或 CT（反恐精英）阵营即可。模式内容与正常竞技模式相同，初始金钱均为 $800，开局 30 秒内按 B 键可以根据自己的经济情况购买道具、枪械，具体剩余、可购买时间通过打开购物界面进行查看。手枪局时，CT 方一般需要有一人买钳子和烟雾弹，T 方需要 1~2 人配备道具打战术进攻；无论 CT 方还是 T 方，均可以选择

图 1-84 比赛地图读取界面

5个人都购买 $650 的防弹衣。之后的回合可以根据自己的金钱数去购买枪械、道具，步枪一般 T 方都会选择购买经典枪械 AK-47，CT 方会购买 M4A4 或者 M4A1 消音型，狙击枪视自身情况酌情购买。

如图 1-86 所示，界面最左侧依次为：你目前所在的地点、雷达、剩余金钱数、携带 C4 提示、血量、护甲；正上方为双方剩余人数、比分数；最右侧为物品栏，依次是主武器、副武器、近战武器、投掷物；右上角为击杀提示。

图 1-85　阵营选择界面

图 1-86　进入游戏后界面

如图 1-87 所示，在对局当中可以按 Esc 键呼出菜单栏，从上往下依次为返回本局游戏、选择队伍、发起投票（更换地图，发起一次战术暂停）、物品栏、各项设置菜单、退出本局游戏并返回主菜单。

图 1-87 菜单栏界面

4. 游戏目标

CT 方回合胜利条件：阻止 T 方在目标区域引爆 C4；回合时间结束 T 方未安放 C4；全歼 T 方。

T 方回合胜利条件：前往目标区域安放 C4 并成功引爆；全歼 CT 方。

在一般的竞技地图中，包含两个雷区，分别为 A 区 B 区，会在左上方雷达进行显示，在地图上也会有明显通往 A 区、B 区的指引，如图 1-88 所示。

图 1-88 A 区、B 区指引标识

率先拿到半数以上回合胜利的队伍取得本局对战的胜利，如果打成15∶15平局，则按官方匹配的平局结算，不进行加时赛，对局结束。

三、和平精英

1. 获胜条件

百人同场竞技是和平精英的主要玩法。在游戏中，电子竞技员可以在不同的拟真场景里，通过完成搜集侦察、组队合作、战术分工、掩护救援等，在百人军事竞技中逐步淘汰其他队伍或选手，获得最后的胜利。

2. 开始训练

大厅左上角可选择游戏模式，也可快速加入，如图1-89和图1-90所示。

图1-89 开始游戏界面

图1-90 游戏模式、地图选择

3. 实战进程

在和平精英中，可根据个人喜好设置各种操作。

（1）基础设置和灵敏度设置，如图1-91和图1-92所示。

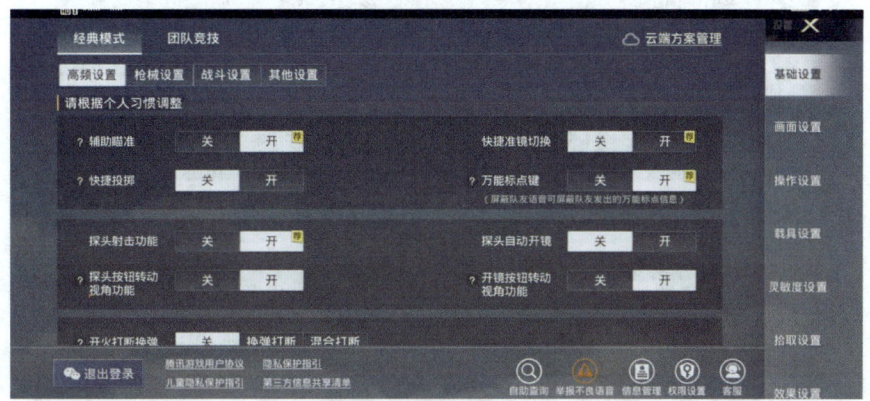

图 1-91　基础设置

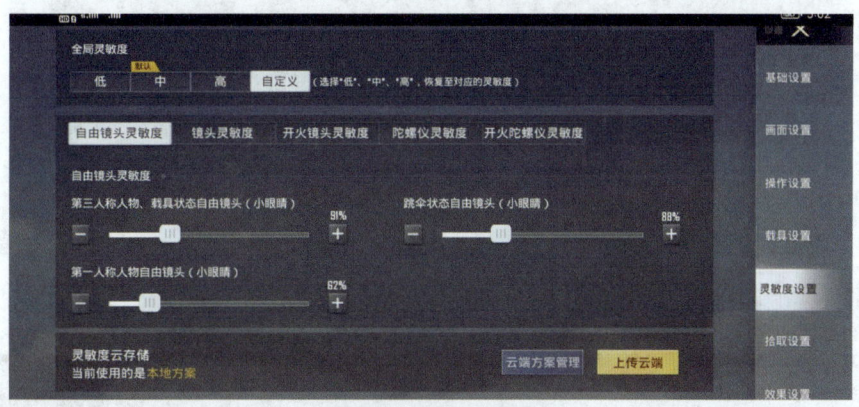

图 1-92　灵敏度设置

（2）操作设置、载具设置和拾取设置，如图1-93~图1-95所示。

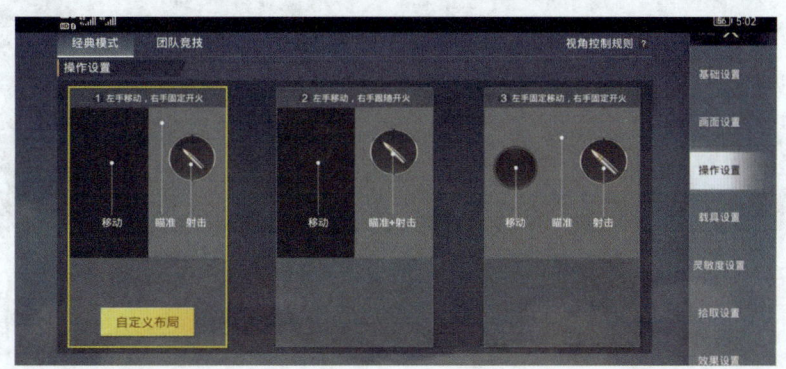

图 1-93　操作设置

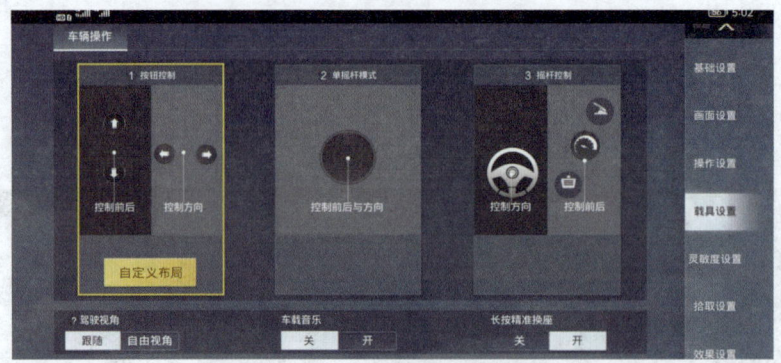

图 1-94 载具设置

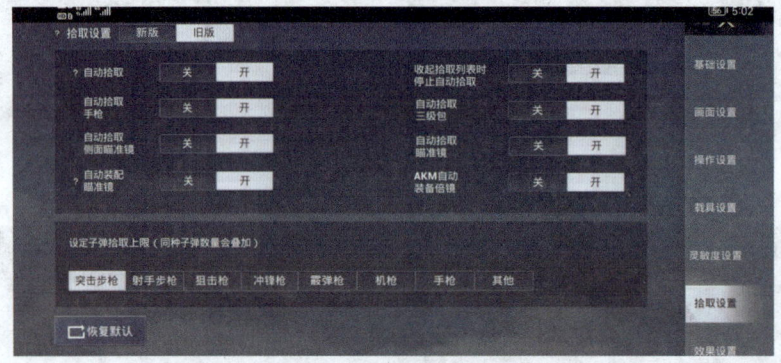

图 1-95 拾取设置

（3）实战。选择合适或个人喜欢的点位，点击跳伞，离开飞机，降落后进行物资搜索，如图 1-96 所示。

图 1-96 飞机航线及跳伞

紧跟信号圈的收缩（见图 1-97），一直前进，尽可能保证自身在安全区范围内。

图 1-97 信号圈刷新

击倒并淘汰沿途遇到的其他队伍或选手，如图 1-98 所示。

图 1-98 击倒或淘汰对手

最终有且只有一支队伍存活，则取得该局胜利，如图 1-99 所示。

图 1-99 获胜

课后练习

1. MOBA 类项目普遍有哪些游戏系统及比赛模式？
2. 尝试不同类型的射击类项目和战术竞技类项目，简要总结其获胜条件。

职业模块 ② 电竞战术实施

培训课程 1 电竞战术确认

学习单元 1　竞技目标

一、MOBA 类项目竞技目标

1. 整体竞技目标

所有 MOBA 类项目均以摧毁敌方基地水晶为获胜条件，这一目标即为 MOBA 类项目的整体竞技目标。此外，通过使敌方主动投降也能达到这一目标。要攻击并摧毁敌方基地水晶，至少要摧毁上、中、下 3 路中任意一条路上的所有建筑物（防御塔及兵营）。有的项目（如王者荣耀）还需要有己方兵线进入敌方基地水晶范围内，否则敌方基地水晶会获得一个大幅的伤害减免增益，难以直接攻击摧毁。

2. 阶段竞技目标

为了达成整体竞技目标获取胜利，需要在竞技的过程中积累优势并转化为胜势。优势包括的范围很广，在 MOBA 类项目中，主要有以下内容。

（1）阵容优势。阵容优势包括整体阵容优势和对位优势，主要体现在部署阶段（BP 环节）。一般来讲，在同等水平的专业对抗中，相对公平的 BP 规则保证了双方最终阵容都是有可玩性的，都有获取胜利的方法。阵容的优势劣势集中体现为双方在不同时期阵容强度不同、在不同对位（或地图半区）强度不同等。在 BP 环节中，需要结合版本、队伍风格、选手英雄池和打法进行博弈，尽量发挥优势、弥补短板。

（2）战斗属性优势。战斗属性优势包括装备、经验等级、存在的增益减益效果、生命值法力值状态、技能冷却情况等，体现在整个对局过程中。战斗属性优势直接影响对抗的结果，双方电子竞技员要尽可能地提升自己的战斗属性，压制敌方的战斗属性，提升自己对抗的胜率，甚至使敌方知难而退，兵不血刃地拿到自己想要的资源。图 2-1 展示了英雄联盟项目如何从开局就拉开双方战斗属性的差距。

图 2-1 对线压制情况示意图

（3）信息优势。信息优势包括视野信息（见图 2-2 和图 2-3）、计算和记录双方信息以及团队交流沟通等，体现在整个对局过程中。足够的视野信息能够基本锁定敌方各单位的位置和动向，是做事情的前提；计算和记录双方信息主要指记录关键技能和装备的冷却时间，关注敌方更新的关键装备等，从而判断打不打、怎么打；团队交流沟通则是以上内容能够有效传达到团队每位电子竞技员的保证，如图 2-4 所示。

图 2-2 视野充足（河道，蓝色方视角） 英雄联盟

图 2-3 视野匮乏（河道，蓝色方视角）英雄联盟

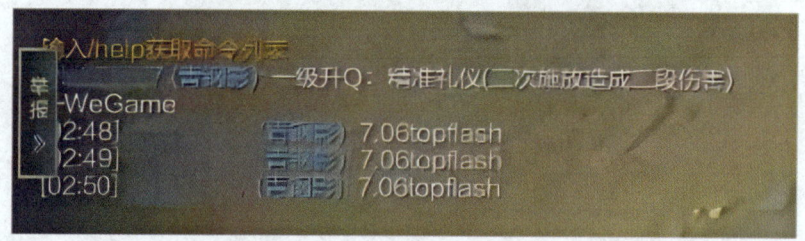

图 2-4 常见的信息沟通（记敌方闪现时间）英雄联盟

（4）兵线优势。兵线优势体现在整个对局过程中，在决战期尤其重要。兵线是 MOBA 类项目的核心玩法之一，是影响局势的重要力量。电子竞技员既可以通过兵线获取经验和经济，也可以使兵线形成推进的一大助力，甚至利用兵线提升团队的战斗能力。结合不同的局势，对兵线进行恰当的处理能够实现优秀的运营效果，如图 2-5 和图 2-6 所示。

以一个常见的比赛对局为例，站在优势方视角来看，在不同阶段需要达成以下竞技目标。部署阶段：拿到合理的阵容，进行合适的分路配置，获得总体对阵优势；试探阶段：获取对方的开局信息，确立优势路，保证其他路能够平稳发育，不陷入大劣势；博弈阶段：取得一定的防御塔数量优势，实现视野和兵线的压制，能够入侵敌方野区，整体经济和等级领先，掌握局面主动权；决胜阶段：通过信息优势和兵线优势，压制对方发展，实现战斗属性的大幅领先，保证正面对抗能够获胜。

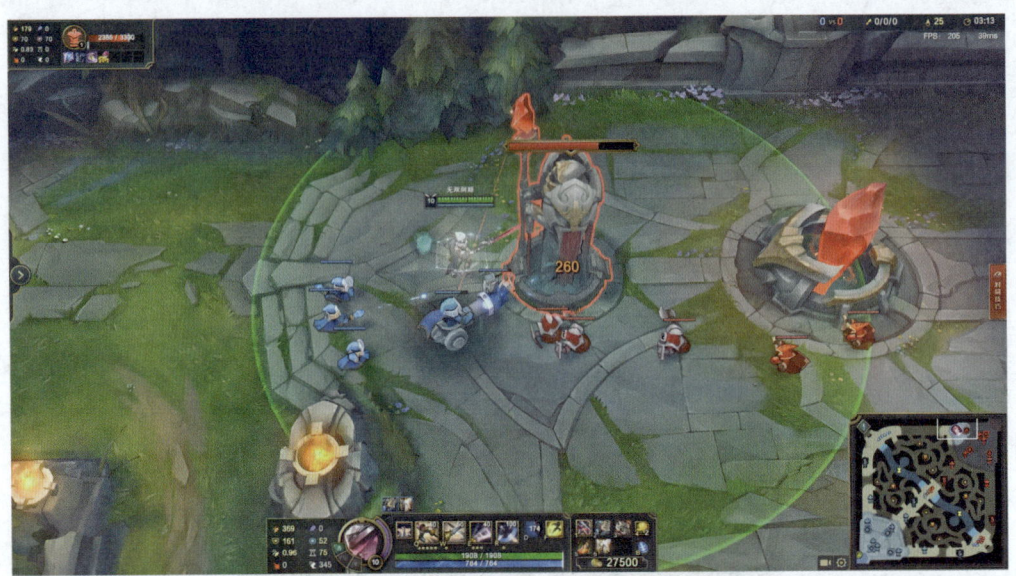

图 2-5　英雄单位正在带线推塔　英雄联盟

图 2-6　利用士兵潮推塔　英雄联盟

二、射击类项目竞技目标

射击类项目以 CS2 为例,分别探讨其整体竞技目标与阶段竞技目标。

1. 整体竞技目标

CS2 在竞赛对抗时,采用的地图均为炸弹场景任务的生涯服役地图组。CS2 竞技模式每回合的整体竞技目标会在加载地图时进行说明,炸弹场景任务整体竞技目标为：在规定时间内，T方使用C4摧毁目标物，CT方阻止T方使用C4摧毁目标物，如图2-7所示。

图2-7　加载地图界面右侧列出地图信息及设定

例如OVERPASS（死亡游乐园）这张地图，A区是需要T方正面攻击装载的货物，B区需要T方摧毁桥梁承重柱。CS2双方的对抗存在一定的不对等性，竞技目标呈现对称形态，一方以进攻为目标，另一方则是防守，如图2-8和图2-9所示。

图2-8　OVERPASS地图A区俯瞰图

图 2-9 OVERPASS 地图 B 区俯瞰图

CS2 比赛每张地图共计 30 回合，率先取得 16 回合胜的队伍计 1 分，每张地图内的所有回合，经济会有所继承。两张地图之间，经济不挂钩，可以独立设计战术思路。本系列教程后续章节会进一步阐述在当前地图下，30 回合内经济分配的战术选择。

2. 阶段竞技目标

比赛对局开始后，为了达成整体竞技目标，无论作为 T 方还是 CT 方，电子竞技员需要对地图进行控制，掌控地图关键点位，进行信息收集，观察敌方进攻/防守的重点。例如，掌控 OVERPASS 的工地，可以侦测到 T 方是否有进攻 B 区的意图，CT 方是否重兵防守 B 区；掌控气球、厕所，可以侦测到 T 方是否进攻 A 区，CT 方是否侦察到己方进攻 A 区，如图 2-10 和图 2-11 所示。

图 2-10 OVERPASS 地图工地俯瞰图

图 2-11 OVERPASS 地图气球、厕所俯瞰图

三、其他类电子竞技项目竞技目标

1. 炉石传说的竞技目标

（1）炉石传说的整体竞技目标是将对手的生命值变为 0 点，即击败对手获得比赛的胜利，如图 2-12 所示。通过随从的攻击、法术和英雄技能都能实现这一目标。

图 2-12 炉石传说 对手血量

（2）炉石传说的阶段竞技目标。为了将对手的血量变为0点，即实现整体竞技目标，可以为竞赛制定相应的阶段性目标。

1）以血量为核心确定阶段性目标。最直接也最有效的阶段性目标就是将对手的血量控制到斩杀线内，通过随从、法术和英雄技能的配合完成一击必杀，如图2-13所示。

图2-13 炉石传说 血量优势

图2-13中，随从伤害为9点，英雄的武器和技能总共能造成3点伤害，手牌无法术伤害，因此目前的斩杀线为12点。

2）以场面为核心确定阶段性目标。在对方没有足够解场能力的情况下，取得阶段性的场面优势往往比血量优势更具有可持续发展的能力，保证后续局面持续优势，如图2-14所示。

3）以手牌为核心确定阶段性目标。血量和场面的优势很难一蹴而就，在炉石传说的竞赛中，电子竞技员大多会通过卡牌的交换建立卡牌或手牌优势，即"卡差"和"手差"，而后逐步确立血量或者场面优势，如图2-15所示。

从图2-15中可以看出，对方萨满手牌仅剩2张，而我方潜行者手上还有5张可使用的卡牌，这便是手牌优势。通过更多的手牌选择，潜行者有更多的途径建立阶段性的优势，从而获得最终的胜利。

图 2-14 炉石传说 场面优势

图 2-15 炉石传说 手牌优势

2. 格斗类电子竞技项目竞技目标

本部分以《街霸5》(见图2-16和表2-1)为例,帮助理解格斗类电子竞技项目的玩法及其竞技目标的实现。

图 2-16　街霸 5 游戏界面

表 2-1　街霸各类属性

属性	说明
1. 血量	当前的血量值
2. 眩晕槽	当受到伤害时会增加,当眩晕槽到达最大值时,角色会被眩晕
3. 胜利标识	当赢下一回合的时候,界面会显示胜利标识
4. 计时器	当前回合剩余时间
5. 角色	使用的角色
6. V 槽	一种能够积蓄的能量,能够触发一些特殊的技巧
7. EX 槽	积累之后触发必杀技

(1)格斗类电子竞技项目的整体竞技目标。根据以上介绍可知,格斗类电子竞技项目的整体竞技目标是取得足够的胜利回合,拿下整场竞赛的胜利。

(2)格斗类电子竞技项目的阶段竞技目标。为拿下单局回合的胜利,电子竞技员应尽量保存自身角色血量,消耗对方当前角色血量,总体来讲,由以下阶段竞技目标共同组成。

1）晕槽。通过击打对方，增加对方的晕槽以眩晕对手。合理规避对方的招式，避免自己晕槽过早溢出。

2）V槽。V技能（不消耗V槽）是每个角色专属的技能，重P（拳）+重K（脚）发动，性能各自不同。隆是格挡（有失败动作），春丽是跳起后攻击的招式"弯脚"，纳什是消除飞行道具的招式"Bullet Clear"，维加是反弹飞行道具的招式"Psyco Rejet"。V技能不能由通常技取消作为连续技使出，发动成功时会增加V槽。

V槽的最大用途是进行V-Reversal（消耗1格V槽）或V-Trigger（消耗所有V槽）。V-Reversal简单说就是防御取消反击技能，防御中前+PPP或KKK发动。例如，纳什的V-Reversal是防御中绕背攻击，如图2-17所示。

图2-17　纳什的V-Reversal

V-Trigger是强化角色的系统，强P+强K发动，每人强化方式不同。隆是电刃强化，所有技能的晕值上升，真空波动拳变电刃波动拳；春丽则是攻击多段化；维加是必杀技大幅强化，Dash（类似瞬移）时消失；纳什则是可以任意移动到对手背后或上方突袭。

3）EX槽。EX槽是对局中非常核心的系统之一，电子竞技员依靠频繁的进攻、防守积攒EX能量，每攒1格之后便可发动EX必杀技，而通常EX必杀技的形态和发生数据都与普通必杀技不同。例如，肯的EX龙卷旋风脚在可以形成较大伤害的同时，防空效果也比较优秀，如图2-18所示。

图 2-18 肯的 EX 必杀技

学习单元 2　竞技战术

一、MOBA 类项目竞技战术

1. MOBA 类项目竞技战术的顶层设计

MOBA 类项目竞技战术的顶层设计是指一局比赛的总体思路,主要取决于准备阶段(BP 阶段)选择的阵容,根据阵容选择,结合队伍队员打法风格,选择前期速攻、中期起节奏或保守发育拖后期等战术;在决胜方式上,选择主动开团、反手接团或牵扯避团。

2. MOBA 类项目竞技战术的中层结构

MOBA 类项目竞技战术的中层结构是指为实现竞技目标,根据顶层设计进行的团队分配和布局,主要包括以下 4 类。

(1)分路战术。MOBA 类项目本身在诞生之初并没有分路的规定,经过玩家和电子竞技员的探索,各专项均逐渐形成了最优的基本分路方法。例如,DOTA2 的 1~5 号位在 3 路的均衡分布,英雄联盟上路 1 人、野区 1 人、中路 1 人、下路 2 人的基本分路等。在各专项较为成熟后,这一分路战术多被作为一种默认方案而不再作为一种值得一提的战术,分路战术被赋予了新的意义:通过摇摆、换线、转线的手段实现更优的团队分配。

（2）团队核心战术。MOBA类项目每队5名成员，职责各不相同，由于资源的有限性，需将资源倾注给个别核心（carry位，简称C位），让他们承担主要的输出任务，其他位置成为"蓝领"，负责保护、承伤、控制等辅助工作。一般来讲，MOBA类项目中的中路和下路（通常为射手）是一个团队的双C位。随着版本的变化并结合队伍特色，在比赛中涌现出了更多的团队核心战术，以英雄联盟为例，代表性的有四保一战术和三叉戟（三核）战术。

四保一战术以下路射手为唯一核心，中路选择功能性英雄，上路打野选择坦克，辅助选择保护能力强的英雄；前期队友帮助下路建立优势，其他路抗压；下路射手在比赛中期吃两路及野区资源，实现经济的爆炸增长，快速成型后接管比赛。该战术对下路射手的操作水平要求极高，还要求其他队友有优秀的大局观和抗压能力。

在三叉戟（三核）战术中，除传统的中路下路双C位之外，由上路、野区其中一人再补一个C位，通常为单带战士或野核英雄，这一核心通常不是后期大核，而是要有较高的前期强度，拿到优势后能够掌握中期的主动权，从而带动全队；三核共同发力，在中后期赢得较大的优势后结束比赛；整队的打法更加激进，强调尽可能多抓住打架的机会。

（3）分推战术。在博弈阶段和决胜阶段，带线、牵扯、推塔是团队的一项重要任务，是获取优势乃至获胜的重要手段。团队需要进行合理的人员分配，对3路兵线进行适当处理，一般会形成"大部队集中推一路或大部队占住一个地图半区，小部队进行另外的兵线处理"的形势，以英雄联盟为例，常见的分推战术人员分配有四一分推和一三一分推两种。

四一分推指四人大部队占一个半区（通常是有重要资源的半区），剩下一个人带离资源最远的兵线进行牵扯，如图2-19所示。一三一分推指三人大部队占一条兵线（通常是中线），另外两人各带另外两条兵线，如图2-20所示。负责分推的角色通常需要具备较强的单人作战能力和清兵能力来掌握在兵线上的主动权，还需有较强的机动性和支援能力来规避对方的围剿并及时支援队友大部队。为了保证分推的主动权，团队需要在部署阶段和试探阶段为分推者建立对位优势，在博弈阶段和决胜阶段为分推者建立必要的视野优势或保障。

（4）联动战术。联动战术即同队队员之间相互支援、共同作战的战术，主要用在试探阶段和博弈阶段。在高水平的职业对抗中，想要在一对一的对抗中取得

图 2-19 四一分推牵扯格局示意图

图 2-20 一三一分推格局示意图

巨大优势十分困难。因此，在取得主动权后，电子竞技员通常需要支援队友或联合队友进攻，寻找机会，即使未能取得击杀或拿到资源，联动通常也能给到对方压力，限制对方的行动。

在 MOBA 类项目中，打野位和辅助位相对自由，中路兵线短、辐射范围大，所以联动通常围绕这两个位置展开，以英雄联盟为例，常见的有中野联动、野辅联动等。联动后的代表性具体战术有四包二、三包一等。四包二通常用于描述中野配合己方下路组合包抄敌方下路的情景，如图 2-21 所示；三包一通常用于描述中野配合上路包抄敌方上路的情景，如图 2-22 所示。

图 2-21 常见四包二情景示意图

图 2-22 常见三包一情景示意图

联动战术施展的前提是主动权,包括兵线的主动权和信息的主动权。拥有兵线主动权,电子竞技员在不亏线(少亏线)的前提下进行联动,能够保证即使联动未取得成效自己也不会亏太多;拥有信息主动权,知道敌方人员的大致位置以及战斗力情况,才能够保证作战顺利,不被敌方反蹲。另外,利用部分英雄技能特性进行团体加速或传送,实现快速的团队位置转移也可以算联动的一种,如图 2-23 所示。

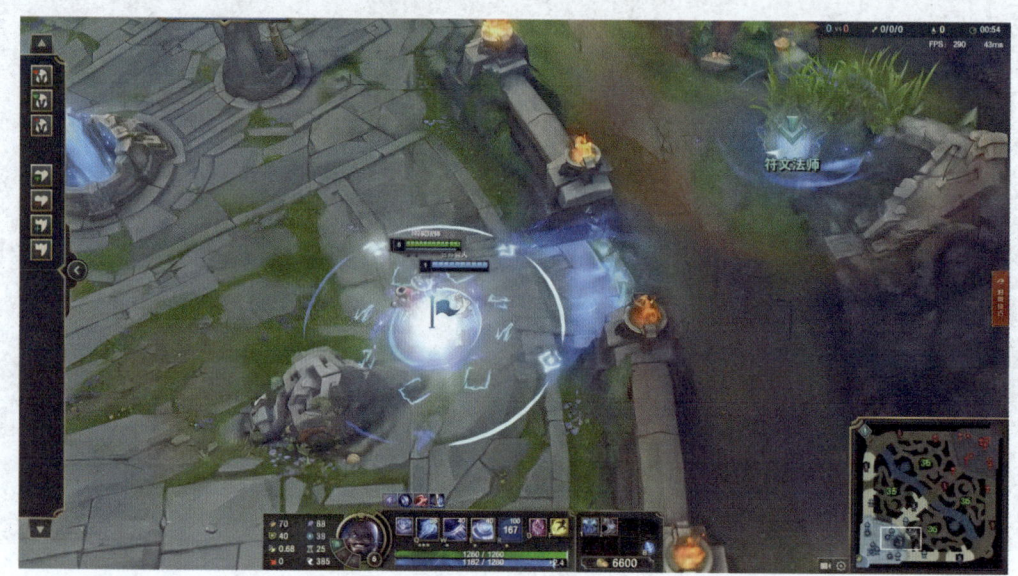

图 2-23　集体传送

3. MOBA 类项目竞技战术的底层支撑

MOBA 类项目竞技战术的底层支撑是每位电子竞技员的贯彻执行,在落实团队总体战术时,结合自身理解和实际情况,进行精细化的处理。例如,掌握好具体的推线时机,在对抗时运用小技巧、小细节获取优势;在支援队友时,对后赶来支援的敌方单位进行埋伏等。

所有战术的具体执行方案都是团战配合、兵线处理和视野掌控相互交织、相互衔接而成的。

团战配合需要在一个位置上的几个英雄有控制、伤害、增益、分摊等行为的默契配合。例如,当射手位消耗了敌方大量的血量,却因敌方的灵活性导致失去击杀机会时,其他英雄就需要补伤害完成收割;如果敌方意图对输出 C 位强力打击,那么己方英雄需要为 C 位承担伤害。

兵线处理需要对兵线透彻理解,不同分路的兵线相遇位置情况不同、相遇时间不同、清线风险不同。例如，中路兵线相对于其他分路兵线的相遇时间要早一些，对抗路的清线风险要高一些（部分版本）。根据兵线的不同情况选择带线压塔还是清线防守，对于获得最终的胜利有着重要意义。

视野掌控程度取决于双方的信息获取能力、决策实施效率。视野掌控的比拼相当于打信息战，知己知彼方能百战不殆。

二、射击类项目竞技战术

射击类项目竞技战术以 CS2 为例，探讨进攻方和防守方的竞技战术。

1. 进攻方

进攻方的竞技战术包括顶层设计、中层结构、底层支撑。顶层设计包括纵观全局的进攻战术，中层结构为局部对抗的策略手段，底层支撑是每个位置具体的职能和任务。CS2 的竞技战术是相对灵活的，需要结合场面局势进行判断和调整，开局预先制定的战术在对局进程中会不断调整和修正。

（1）顶层设计。顶层设计一般包括"一波流""雷区强攻"和"声东击西"战术。

"一波流"主要是指己方全体队员共同快速进攻某一特定雷区，包含开局 RUSH（冲锋）以及信息获取后于当前对局最终决战阶段发起猛烈进攻。经常能听到的 "RUSH B（冲锋到 B 区）" 即为该战术的具体执行。

"雷区强攻"主要是指有设计地推进进攻。例如，INFERNO（炼狱小镇）地图的链接包夹 B 区战术；先获取香蕉道控制权，再进攻链接区域，从链接区域再徐图进去，最终完全攻入 B 区。

"声东击西"主要是指佯攻之策，例如，假意进攻 A 区，骗取敌方回 A 区进行防守，实则快速转移进攻 B 区。

（2）中层结构。中层结构是指关键点位的人员分布和不同角色的职能、任务。开局时，指挥会下达本回合战术的大体方向，告知具体每位队员需要去哪些关键点位，不同角色需要知晓在当前位置尽到什么样的职责。例如，在 MIRAGE（荒漠迷城）地图中，指挥会下达一名队员走下水道，保证自己不死亡，并完成信息收集任务，等待 A1 进攻后从下水道攻击敌方背身；一名队员走 A2 楼，等待 3 名队员控完中路回归 A1，进行投掷物攻击雷区的协同攻击，如图 2-24 所示。

CS2 当中每张地图都具有不同的战术，需要根据地图来作出人员的分布选择和职能划分。

图 2-24 中层结构示意图

（3）底层支撑。底层支撑包含信息收集和局部对抗。例如，在 INFERNO 地图中，B 区三箱位置听到香蕉道有 3 个脚步的声音（完成信息收集），让队友扔出闪光弹，对香蕉道进行反清（完成局部对抗）。

CS2 的比赛过程中存在着大量即时的信息战和局部对抗，在竞技过程中需要频繁作出瞬时决策，形成协同或是单人作战思路。

2. 防守方

防守方的竞技战术主要是对进攻方的战术进行解读、拆解，作出相应对策，收集到信息后调整防守策略。防守方的顶层设计是均衡防守和重点防守。

均衡防守主要是指在对方可能出现进攻的位置，都安排一名队员观察、防守。例如，在 INFERNO 地图中，均衡防守就是一名队员观察 A2 楼，一名队员观察 A1 楼，一名队员观察链接，另外两名队员防守 B 区。

重点防守相较于均衡防守，对队员防守时的部署会有更明显的倾向性，将对预判到的关键区域进行重点布控。例如，均衡防守时，B 区一般是两人防守；但重点防守时，指挥可以下达四人防守 B 区的指令，另外一名队员在 A 区观察进行信息收集。

不论开局阶段选择均衡防守或是重点防守，防守方在一回合对战过程中普遍有 4 种情况。第一种为正面对抗成功，成功防守雷区，未让进攻方成功安放 C4；第二种为正面对抗失败，队友在回防的路上，进入残局回防；第三种为正面对抗未成功，己方指挥判断残局处理较难，选择保留己方的装备，打下一回合；第四种为某一雷区防守方选择自保，先让进攻方安放 C4，等待队友支援，队友回防到位后再进行正面对抗。

防守方的中层结构、底层支撑与进攻方一致，基于比赛实时对抗情况进行确定。

三、炉石传说竞技战术

作为一款有代表性的卡牌游戏，炉石传说的竞技战术制定就是每一名玩家组建卡牌卡组的过程。组建卡牌卡组可分为以下步骤：确定中心主题、添加核心卡牌、添加辅助卡牌、调整法力值曲线、对战与完善。

1. 确定中心主题

围绕职业构筑电子竞技员自己的卡组是确定竞技战术的第一步，而不同版本各个职业也有着不同的强度。据不完全统计，截至 2024 年 3 月，权威网站收录常见卡组（在案对局超过 200 场）已经达到 540 套。

2. 添加核心卡牌

根据选择的战术，添加最贴合主题的职业法术和随从，再扩展到中立随从。以野兽流猎人为例：在对战中，电子竞技员假设试图使用法力值消耗较低的野兽铺满战场、压垮对手，那么最合适的选择包括关门放狗、动物伙伴以及森林狼；也可以考虑加入一些法术和武器，在对战中更具可持续性，提高战术成功率。

3. 添加辅助卡牌

在套牌中填满了主题和做好胜利所需的一切之后，电子竞技员需要用辅助卡牌为卡组添砖加瓦。这些额外的卡牌和法术与主题关联不大，但它们能帮助抽到制胜卡牌、保证存活、应对天梯上的热门套牌，或成为第二个胜利条件。例如，用"酸性沼泽软泥怪"应对"武器套牌"，用"侏儒发明家"帮助抽到理想的卡牌，或者用"死亡之翼"绝境翻盘。

4. 调整法力值曲线

在这一阶段，套牌已经没有足够的空间去做更多的调整，电子竞技员需要开始编辑套牌，最佳的编辑方式之一就是考虑套牌的法力值曲线。如果将所有卡牌按法力值消耗的顺序分类，套牌产生的形状就是法力值曲线，通常是一条钟形曲线。快攻类套牌通常会有大量低法力值消耗的卡牌，因此法力值曲线的前端较高。长期决胜套牌的法力值曲线则较为滞后，这类套牌拥有少量低法力值消耗卡牌和较多法力值消耗适中的卡牌，并依靠几张法力值消耗极高的卡牌来终结比赛。电子竞技员应考虑胜利条件，相应地编辑套牌中的卡牌，直到获得较为合理的法力值曲线。

5. 对战与完善

在对战的过程中，电子竞技员会发现有些卡牌太多了，有些卡牌则远远不够。电子竞技员也可能发现，总是会遇到相同的套牌类型，要稍作调整才能符合自己的战术。在数轮对战与完善之后，卡组会变得趋近于合理，能够应对不同的环境。

学习单元3　根据竞技目标制定竞技战术

一、根据 MOBA 类项目竞技目标制定竞技战术

在 MOBA 类项目竞技的不同阶段，从优势方视角来看，常规情况下需要在每个阶段达成适当的竞技目标直至获胜。为了达成各个阶段的不同竞技目标，需要采用不同的竞技战术，见表2-2。

表2-2　竞技阶段、竞技目标、竞技战术对应关系

竞技阶段	竞技目标	竞技战术
部署阶段	拿到合理的阵容，甚至取得阵容上的优势	BP战术（隐藏、误导、变阵、摇摆等）
	合理化的团队职责分配和总体打法规划	核心战术（确立团队核心）、前中后期总体战术
试探阶段	获取开局信息	开局站位及视野分配战术（入侵/防守）
	确立优势路，保障劣势路基本发育	联动战术，确立优势、辐射劣势；资源分配战术
博弈阶段	取得防御塔数量优势，实现兵线和视野的压制，能够入侵敌方野区，整体经济和等级领先，掌握局面主动权	团战战术（主动开团/消耗压制/分推牵扯等），联动战术，阵容提速等
决战阶段	实现战斗属性的大幅领先，保证正面对抗能够获胜，或通过信息优势和兵线优势，实现埋伏、牵扯运营使敌方慢性死亡	决战方式选择（正面开团/优先抓单/压制消耗/分推偷塔等），结合兵线和视野的把控战术

二、根据射击类项目竞技目标制定竞技战术

射击类项目以 CS2 为例,分别探讨如何制定进攻方和防守方的竞技战术。

1. 进攻方

根据进攻方节奏,可以将进攻方的战术划分为 RUSH 与地图控制后进攻雷区。RUSH 的节奏比较快,地图控制是双方指挥对对方战术的解读与应对。

(1) RUSH。RUSH,一般从回合开始直接前往进攻目标区域进行进攻,RUSH 的目的是迅速进入雷区,安放 C4,并在雷区坚守,成功引爆 C4。一般采用 RUSH 进攻方式的回合,进攻方的经济情况一般比较差,购买不了全枪全弹(防弹衣、合适的枪械、投掷物),就是打对方一个措手不及,尽可能做到人数交换,能赢则赢,赢不了就安放 C4 以增加金钱,为下一回合做准备。

一般进攻方会 RUSH B 区,其具体原因是,B 区的交火距离相对于 A 区而言更短,半起局的冲锋枪、手枪具备一定的杀伤力,假如攻入以后,完成攻防转换,防守 C4 也更加容易。

(2) 地图控制后进攻雷区。地图控制是为进攻目标雷区做准备,防止对方侦察到进攻意图,压缩对方站位。例如,在 INFERNO 地图中,T 方在进攻时,两人组合控制侧道、二楼,防止防守方前压,再配合中路队友,让中路队友封上链接烟,避开链接的枪线,烧 A1 火,逼退 A1 潜在的防守方,如图 2-25 和图 2-26 所示。

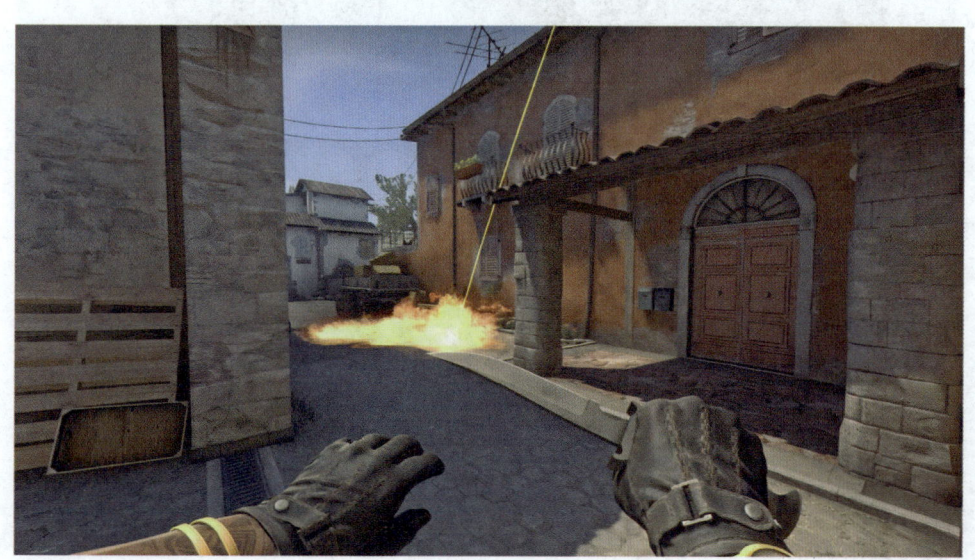

图 2-25 A1 近点火

图 2-26　链接烟

配合闪光弹把中路近点潜在的对方清除，取得中路的控制权，为转攻 B 区或进攻 A 区做准备，如图 2-27 和图 2-28 所示。

图 2-27　中路闪光瞄点

图 2-28　中路闪光爆开点

2. 防守方

根据进攻方节奏,可以将防守方的战术划分为防 RUSH、信息获取、重点防守。防 RUSH 是每个点的防守队员都要去做的。信息获取指必要时进行人数交换,获取地图关键点位控制权。

(1) 防 RUSH。进攻方在没有经济购买装备时,或者想使用非常规战术,可能会采取 RUSH,所以防守方在到达目标点位时需要投掷相应的投掷物。例如,在 INFERNO 地图香蕉道上投掷燃烧弹,对方如果没有烟雾弹来灭掉火焰,会对进攻方造成大量的伤害,同时也能造成战场分割,使在后面位置的进攻方补不上枪,前点的进攻方不能安全退回掩体后;也可以拖延时间让另外一个区域的队友回防到位,如图 2-29 和图 2-30 所示。

图 2-29 两颗燃烧弹使前后战场分割

图 2-30 燃烧弹分割战场

（2）信息获取。防守方控制住关键点位，可以做到"一夫当关，万夫莫开"，或者做一个前点位信息侦察。侦察到对方的进攻意图后，可以用烟雾弹、燃烧弹来拖延时间，等待队友回防。例如，在 VERTIGO 地图中，防守方获得 A 斜坡控制权后，可以留下一名防守方队员握着燃烧弹在沙袋后跳着观察，如图 2-31 所示，其他 4 位队员可以分为两中路、两 B 区站位。当对方有进攻 A 区意图时，负责观察的队员将燃烧弹扔至 A 斜坡，拖延对方进攻进度，并呼叫队友回防。

图 2-31　在沙袋后跳着观察

（3）重点防守。重点防守是指把一个目标区域放空或只安排一人，另外一个区域进行重点防守。一般使用重点防守的情况为人数劣势或者 ECO 局（经济局），重点防守的采用也需要与信息收集、对方队伍的打法风格相结合进行综合分析。

1）人数劣势。赌点成功可以赢下这一回合。如果赌点失败，对方进入另外一个雷区安放 C4，这时需要结合之前对抗的信息：是否有拆弹器、投掷物，下回合经济情况，对方血量，进行综合判断是否要打这个残局。

2）ECO 局。在 ECO 局前期尽可能不要暴露信息给对方，打对方一个出其不意。如果对方是默认开局，我方五人赌点打掉两支长枪，长枪可以选择保枪，也可以选择性进行回防，其他的半起手枪可以尽可能去击杀对方，对对方的经济造成打击，如图 2-32 所示。

图 2-32　五人赌点阵型

三、根据炉石传说竞技目标制定竞技战术

炉石传说的 3 个阶段竞技目标分别为血量目标、场面目标和卡牌目标。从这 3 个阶段竞技目标出发，可以制定相应的竞技战术，组建不同风格的卡组。

1. 以血量为核心目标制定竞技战术

以建立血量优势、降低对方血量为目标制定炉石传说的竞技战术是最为直接且有效的获胜方式。制定这一战术的核心思想就是利用一切可能，直接将伤害打到对方英雄上，从而获得胜利。能直接对英雄造成伤害的法术牌、能直接攻击英雄的随从牌、立刻能使己方随从获得增益的法术牌等都是上好的选择。以打脸猎卡组为例，如图 2-33 所示，这是一套几乎所有携带的单卡都是以造成直接伤害为主要目的的卡组，能够在大部分卡组的"爆点"（节奏开始强势的点）之前将对手压入斩杀线内，甚至是击杀对手。卡组中有相当多可以直接对对方英雄造成血量伤害的低费卡牌，例如"杀戮命令""奥术射击"等。

2. 以场面为核心目标制定竞技战术

以场面为核心目标制定的竞技战术就是建立起包括随从、装备在内的场面优势。如果己方随从数量有很大优势，并且对方难以轻松"解场"，那么己方也就成功完成了"铺场"和"控场"。与直击对方血量相比，这种竞技战术缺少迅速取得胜利的能力，但却具备着持久战和后续发力的优势，一旦控制住了场面，那离胜利也就不远了。下面以一套德鲁伊卡组为例，介绍这一类竞技战术制定的主要思路，如图 2-34 所示。

图 2-33 打脸猎卡组

图 2-34 德鲁伊卡组

这套德鲁伊以铺场为目的，利用钢鬃卫兵可以给己方的嘲讽随从本回合降低2点费用；树木生长，能够为己方群体加 Buff，提供站场和斩杀的强力效果；艾露恩神谕者则为己方提供更强大的铺场爆发性。

3. 以卡牌为核心目标制定竞技战术

以卡牌为核心目标制定的竞技战术就是制造手牌和卡组牌数的差距。例如，对手用两张火球术解掉了己方的一个凯恩·血蹄，相当于己方赚了一张卡的卡差。在低水平的对抗中，比赛往往以随从交换为主，且卡组过牌能力较差，因此卡差较为重要，资源多的一方具有巨大优势。

1. MOBA 类项目竞技战术的顶层设计、中层结构、底层支撑分别是什么？它们是如何进行划分的？

2. CS2 的整体竞技目标和阶段竞技目标分别是什么？

培训课程 2

电竞战术执行

学习单元 1　心理素养

为了满足当前电子竞技运动水平发展的需要，应有意识、有目的地培养、提升电子竞技员的心理素养，以减少比赛过程中，可能出现的各种影响竞技水平发挥的不良心理状态和消极心理因素。目前，电子竞技从业人员普遍能够意识到心理素养与技战术水平一样，对获取优秀的竞技成绩有着至关重要的作用，但是真正能够对电子竞技员和战队进行心理素养指导的人员并不多，因此，本学习单元将介绍心理素养指导的知识和方法。

一、心理素养指导原则

电子竞技员心理素养提升是一种多方参与、共同合作的过程，它不仅需要教练员、心理辅导师等战队工作人员的参与，还需要电子竞技员的参与，且电子竞技员是这一过程中的关键因素。如果要有序、有效实施这项工作，必须遵循一系列原则。

1. 自觉性原则

电子竞技员的心理素养能否得到提升，取决于他们的自觉性。因为任何心理技能的掌握和心理能力的提升，都离不开电子竞技员自身的主观意愿和努力，如果没有自觉提升心理素养的积极态度，而是被动接受，再先进的理论、再高明的手段都难以取得良好效果。

2. 发展性原则

电子竞技一切手段和方法都是为了帮助电子竞技员学会控制和调节自己的心

理状态，推动技术水平提高。因此，在开展心理素养指导工作时，应该充分考虑电子竞技员年龄和心理发展特征，避免给电子竞技员带来心理伤害。例如，为了缓解电子竞技员的赛前紧张，采取贬低、批评、讥讽、冷落等不当言语对电子竞技员进行所谓的"激将"，以激发其要努力表现、证明自我的动力。这些方法看似可以在短时间内对电子竞技员产生一定程度的激励作用，但是真正的"斗志"可能正在被瓦解，心理隐患会在以后的某些事件中表现出来，而那时想再去修复，其难度可想而知。

在心理素养指导的过程中必须保障电子竞技员的身心健康和人格尊严，要按照科学的心理训练和辅导方式，从关心、爱护电子竞技员的角度出发，促进其身心健康发展。

3. 渐进性原则

研究表明，一个人的心理素养是需要经过长时间训练才能得到完善和提升的。所以，在进行心理素养提升时，应该遵循有计划、有步骤地由浅入深、由易到难、由一般到专项的渐进性原则。例如，在对电子竞技员进行心理训练时，难度要逐步增加，要与当下的技战术训练相结合。如果一开始难度设置就很高，希望通过短期的训练就得到明显的进步，电子竞技员可能难以承受，从而产生抵触、畏惧的情绪，甚至形成心理训练无用的观念，阻碍整个心理素养提升计划的实施与开展。

4. 重复性原则

心理技能的形成和其他技能一样，必须通过反复练习、反复实践来实现从无到有、从生疏到熟练。对于已经掌握的心理技能，如果缺乏持续的练习，也可能会出现生疏或效用下降的现象。

5. 全面性原则

全面性原则有3个方面的要求。第一，心理素养指导必须与电子竞技员的技战术训练、体能训练以及战队管理工作有机结合起来，把心理素养的指导内容渗透到电子竞技员日常训练和生活中去。第二，心理素养指导的内容必须包括电子竞技运动中的各种心理过程、电子竞技员的个性心理特征和心理状态等，因为它们并不是单独存在的，而是多方面共同作用的。第三，一般心理素养指导和比赛心理调节指导必须有机结合起来。如果没有一般心理素养指导，比赛时就无法指导电子竞技员使用具体的心理技能进行心理调节；如果没有比赛心理调节指导，在进行一般心理素养指导时，就会没有针对性，难以通过训练帮助电子竞技员有效解决比赛过程中出现的心理问题。

6. 个别性原则

心理素养指导的个别性原则是指在进行指导时，一方面要注意心理素养提升的共同规律，采用通用的方法对战队成员进行统一指导；另一方面也要因材施教、因人而异，采用特殊的方法，对个别电子竞技员进行指导。如果采用统一、固定的指导方式，不考虑电子竞技员个体差异，得到的提升效果必然有限。只有因人而异，具体情况具体分析，在充分了解电子竞技员情况的前提下，采用适合其个人的指导方法，包括指导内容的安排，提升方式的选择，指导语言的设计，沟通交流方式的确定等，才能获得应有的效果。

二、心理素养指导程序

心理素养指导是一项复杂而具体的工作，针对电子竞技运动特点，在开展指导工作时可以参照以下程序。

1. 做好指导准备

开展指导工作，应该充实各种理论知识，特别是心理学和运动心理学的知识与测量评定方法，以保证在实施指导工作时的科学性。此外，要对电子竞技运动的基本特征有所了解，熟悉电子竞技训练和比赛竞技过程，能对不同电子竞技项目所涉及的心理过程以及心理能力的要求重点进行分析与区分。如果指导工作准备不足就无法与教练员、电子竞技员进行有效沟通，难以解答与指导各种实际问题，可能导致各方人员对心理素养指导的科学性和有效性产生质疑，使指导工作一开始就难以推进。

2. 建立心理档案

为了让心理素养指导工作更加贴合战队以及电子竞技员个人需要，需要借助一些有效的评估方法和工具，系统获取战队团体和电子竞技员个人的相关信息。其中，战队信息包括战队发展史、战队凝聚力、成员关系、教练执教风格、战队管理风格、队内重大事件等；电子竞技员信息包括个性特征、技术风格、战术角色、心理状态、父母态度、亲密关系等。

（1）访谈。访谈即指导人员与电子竞技员个人、战队团体、战队工作人员进行会谈。会谈时应事先准备会谈提纲并做好会谈记录。会谈需要在轻松、自然氛围下进行，注重交流互助，切忌生硬问答。

（2）现场观察。现场观察即在训练和比赛时观察电子竞技员和战队表现，对重要行为和情绪进行记录。

（3）心理测量。心理测量即采用心理问卷量表或仪器设备对电子竞技员的心理过程（感知觉、注意、思维、反应速度等）、个性特征（气质类型、性格类型、动机、态度等）、心理状态（焦虑、紧张等）进行测量与评估。

完成信息收集后，还应进行综合分析与梳理，将其中与心理相关的内容总结出来，分别形成战队团体和电子竞技员个人心理档案，作为开展具体指导工作的重要依据和指导效果评估对照资料。

3. 确立指导内容、方法

通过建立心理档案，可以较完整了解电子竞技员在心理特征和心理技能方面的基本情况，根据其存在问题和薄弱环节确立心理素养指导的重点内容。例如，通过访谈和现场观察发现，某位电子竞技员在比赛过程中一旦出现劣势局面，就会情绪浮躁、技战术应用变得激进、时常出现判断失误的情况；而心理测量后其气质类型属于胆汁质和多血质的混合型，近期焦虑水平较高，那么在指导内容的制定上就可以考虑把情绪调节、放松训练、自我谈话列为心理素养指导的重要内容。

明确了指导主要内容后，还要配合适当的指导方法。常用的指导方法主要有两种，一种是通过心理训练直接指导电子竞技员提升心理素养；一种是通过心理辅导引导电子竞技员学会辩证地看待事物，进行理性思考，更客观地评价自我，进而疏导不良情绪。在指导方法的选择和使用上，要认真结合所要解决问题的性质、电子竞技员的个人心理特征以及具体的电子竞技项目特点，采用单一指导方法或多种指导方法相结合。

4. 实施指导

实施心理素养指导工作，应按照心理素养提升计划，根据已确立的具体指导内容和方法，向电子竞技员讲解心理训练的目的与原理，指导电子竞技员完成制定的心理训练任务，传授电子竞技相关的心理学知识，对电子竞技员进行个人心理辅导。在实施指导过程中，需要严格遵循指导原则，即自觉性原则、发展性原则、渐进性原则、重复性原则、全面性原则、个别性原则，切不可急于求成，忽视指导的科学性。

实施指导时，还应根据电子竞技战队和电子竞技员的实际训练、比赛安排作出灵活调整。因为，除了一些高级别常规电子竞技赛事有固定的赛事周期，大部分电子竞技赛事从报名到开赛的间隔时间都比较短，如果临时获得赛事信息决定参赛，日常训练的内容和时间安排都会随之变化，心理素养指导工作的重心也需要及时切换到针对赛前、赛中、赛后的心理调节上。

5. 评估指导效果

心理素养指导需要定期与不定期相结合评定工作效果。通过这样的评估，可以获得关于该阶段心理素养指导有效性的反馈，并以此为依据来调整或重新制订心理素养的指导内容和计划。评估内容应当至少包括电子竞技员接受心理素养指导前后的技战术数据和心理测评结果的对比，以及教练员、电子竞技员自我体验反馈两个部分。

三、电子竞技运动关键心理素养的指导

1. 比赛过度紧张的指导

电子竞技运动是一项强对抗、快节奏的运动，一个战队水平的高低，不仅取决于电子竞技员的个人能力、团队战术应用及整体配合，还与战队成员是否具有良好的心理素养息息相关。心理素养直接影响着技战术水平的发挥。在比赛中，特别是大赛的关键场次、关键局，过度紧张是影响电子竞技员技战术水平正常发挥的直接因素，常见的表现是技术动作变形、无谓失误增多、注意力难以集中、战术意识障碍及整体配合失调等。在比赛中，产生过度紧张的原因主要来自4个方面。

（1）对比赛胜负看得过重。对比赛抱有过高的期望或过多考虑胜负与名次带来的影响。

（2）对外界刺激过于敏感。特别是年轻运动员，由于缺乏赛事经验，对正式的比赛环境不熟悉，电子竞技场馆的布置、主持人的开场介绍、观众的目光和喝彩声等都可能让电子竞技员过度紧张。

（3）心理承受能力不足。只看到对方实力强大或比赛环境的不利（如主客场），无法客观看待自己与对手，赛前没有对比赛中可能出现的困难做充分准备，比赛没有按照预期发展就不知所措、无所适从。

（4）缺乏情绪自控能力。在比赛中，场上局势瞬息万变，电子竞技员的心理也会产生各种变化，如果难以保持平稳的心态，拥有稳定的情绪，就会被比赛战局左右情绪，造成情绪失调。

针对以上原因，可以从以下3方面对比赛过度紧张进行指导。

（1）赛前的心理准备。心理准备的主要目的是帮助电子竞技员达到最佳竞技

心理状态,即高度自信的竞争情绪和清醒的头脑。对此,可以在赛前让电子竞技员了解有关比赛时间、地点、场馆、气候、赛事规模等信息,如果条件允许可以让电子竞技员提前熟悉比赛场馆。同时,指导电子竞技员开展赛前不同时段的活动:比赛当天早晨适当活动身体,出发时带齐比赛用品;对赛前不同时段的思维活动进行预先安排,避免赛前胡思乱想或头脑空白,甚至让消极思维占据上风影响比赛时的心理状态等。

比赛前的 24 小时是电子竞技员容易出现心理波动的敏感时段,可以指导电子竞技员启用比赛心理净化程序。即比赛前一天按照作息时间,安排自己做一些适度的休闲活动;列出之前已经整理好的比赛过程中可能遇到的各种困难、干扰及其应对策略;再次进行参赛角色定位,把自己放在冲击对手的角色上;比赛当天醒来时,回忆过去发挥最出色的一场比赛;进行积极的自我暗示,如"今天我状态很好,手感很棒,可以马上大干一场"等。

(2)进行模拟训练。指导人员可以与教练员预先设计一些比赛中意想不到的情况,应用于日常的训练赛中,提升电子竞技员在正式比赛中的应对能力。这些设计可以是对真实比赛环境的模拟,如嘈杂的环境、设备的故障、大量陌生的观赛人员、比赛的时差等;也可以是对比赛过程中技战术的模拟,如临时调整上场人员、改变战术策略等。通过这样的模拟训练可以让电子竞技员体验比赛中的各种突发状况,发现电子竞技员在常规训练中未表现出来的心理问题,及时开展针对性指导。通过日常训练的反复实践,最终将习得的心理技能应用在正式比赛之中。

(3)参赛角色定位。电子竞技员参赛角色定位直接影响其在比赛过程中的自我判断、自信心和比赛应变能力。合理的参赛角色定位是指导电子竞技员调节比赛心理的关键要素,也就是常说的"摆正心态"。

参赛角色定位实质上是电子竞技员对比赛结果与比赛中自我表现的认知定位。按不同的认知定位,参赛角色可以分为两类。一是在赛前没有对比赛结果产生过高期望,也没有特别优秀的战绩过往表现,与对手旗鼓相当,以挑战自己、冲击对手为参赛目标,是一种以低者冲击高者的"夺"角色。二是赛前就有不错战绩表现或比赛过程中占据比分优势,处于高者守位的"保"角色。这两种参赛角色有着完全不同的作用效果,同时也会在比赛过程中动态转化,如作为新建战队参赛时往往都是以"夺"角色来面对其他战队;若是在与曾经的冠军队伍对战中,比分暂时领先,此时参赛角色定位很可能从"夺"变为了"保",结果自背包袱,反而过度紧张，被翻盘。

在进行电子竞技员和战队参赛角色定位时，首先让电子竞技员明白无论即将开始的比赛对手是谁，是敌弱我强或敌强我弱或实力相当，都不可能有百分之百的胜负概率。其次，将参赛角色定位为"夺"或"冲"，以夺取更好成绩，冲击对手。在比赛进行过程中，要通过电子竞技员的表现来观察其是否对自己的参赛角色做了调整。最后，无论比赛结果如何，赛后都应对电子竞技员和战队进行重新定位。因为经过刺激的比赛和赛后对胜负的体验，电子竞技员的参赛角色又面临变化，比赛获胜则容易无意识地夸大自我形象，而比赛失利则会导致自我形象降低，无关杂念增多。

2. 建立比赛自信的指导

自信是优秀的电子竞技员必须具备的心理素养，是发自内心的自我肯定，是一种积极的情感。自信的电子竞技员有勇气和力量去战胜强敌，相信自己会赢得比赛，也有信心应对比赛中可能出现的任何意外情况。

建立比赛自信的方法有很多，其基本原理是帮助电子竞技员在明白道理的基础上，通过反复强化，养成积极思维和积极行动的习惯。

（1）自我认知训练。本方法可以在赛前阶段提高电子竞技员的自信心。训练时，要求电子竞技员自觉地进行关于自我认知的复述，复述的内容根据电子竞技员个人情况和指导需要而定，如参赛实力、技战术水平和心理技能，从容面对比赛中任何情况，采用哪些技战术手段战胜对手，任何情况都不会受到干扰等。

（2）积极语言暗示。积极语言暗示是电子竞技员临赛前或比赛中常用一些语言暗示提醒自己，以建立一种心理定向，语言暗示的内容对电子竞技员的心理定向和行为表现有重要作用。积极语言暗示与自我认知训练类似，不同的是前者以具体的心理或技战术要求为内容，而后者以自我认识为内容。

积极语言暗示的原则：提示自己应该做什么，不要提示自己不该做什么。很多电子竞技员在比赛时，特别是紧张状态下，未经过专门的训练也会进行自我提醒，不过往往是消极语言暗示，如"不要紧张""千万别失误""别想输赢"等。这一点教练员、工作人员也会出现，如叮嘱电子竞技员"不要老想对手强大""不要像训练赛时那么激进"等。这种消极语言暗示可能诱导人们做不应该做的事情，就像让一个人不要去想粉红大象，这个人的脑海里反而很容易出现粉红大象一样。

在对电子竞技员进行积极语言暗示时，要帮助电子竞技员养成以积极语言进行自我暗示的习惯，从而提高其自信并建立正确的心理定向，具体分为4个步骤。

1）请电子竞技员罗列出自己在赛前和赛中经常用到的自我提示语。

2）找出这些提示语中属于消极语言暗示的部分和否定词。

3）用积极提示语替换消极提示语，如将"别紧张，没什么大不了的"换成"放轻松，一切都准备好了""别想输赢"换成"果断处理""千万别失误"换成"盯住对方缺点打"等。

4）每天训练前，默念3次准备好的积极提示语，以形成做积极语言暗示的习惯。

（3）注意可控因素。当比赛的不确定性和不可控性提高时，电子竞技员的自信心就会下降。因此，要想帮助电子竞技员提升自信心，就要找出可控因素，关注可控因素，操纵可控因素。

1）请电子竞技员写下可能影响比赛结果的主要因素，赛前则可写下当场比赛的获胜因素。

2）将电子竞技员或战队成员写出的影响比赛结果的主要因素列表汇总，见表2-3。

表2-3 比赛结果影响因素汇总

请圈出表中各比赛结果影响因素的可控程度。1代表该因素完全不可控，9代表该因素完全可控。1~9之间的数字越大，可控性越强

比赛结果影响因素	可控程度								
技术	1	2	3	4	5	6	7	8	9
战术	1	2	3	4	5	6	7	8	9
发挥	1	2	3	4	5	6	7	8	9
情绪	1	2	3	4	5	6	7	8	9
场地环境	1	2	3	4	5	6	7	8	9
对手发挥	1	2	3	4	5	6	7	8	9
设备网络	1	2	3	4	5	6	7	8	9
……	1	2	3	4	5	6	7	8	9

3）把表发给每名电子竞技员，让其标出比赛影响因素的可控程度。

4）计算各因素的平均可控性分数，请电子竞技员将自己圈出数字与平均分数进行比较。

5）请填写较大数字的电子竞技员谈谈他们认为因素可控的原因，并引导电子

竞技员在大赛中关注可控因素。

3. 注意力集中训练的指导

高度集中的注意力是电子竞技员在比赛中实现巅峰表现的最关键状态之一。电子竞技员只有提高注意力，才能在高强度的比赛中时刻保持大脑的兴奋水平，长时间拥有积极、活跃的竞技状态。

电子竞技员在训练和比赛中难以控制和保持专注状态的主要原因是来自内部和外部的干扰。内部干扰是指来自电子竞技员自身的干扰，如想法过多、身体不适等。外部干扰是指来自外界环境的干扰，如比赛场地、气温、灯光、观众等。

注意力集中训练要求电子竞技员学会专注于一个确定目标，不为其他外来刺激和内心杂念的干扰而分心，始终把心理活动指向并集中于当前的比赛。可依据电子竞技员的个人特点和电子竞技项目的特点，选用适合的方法对其进行注意力集中训练。常用的注意力集中训练方法如下。

（1）视觉追踪法。视觉追踪法，即选择一个活动的物体作为视觉目标对其进行观察。例如，注视手表秒针的转动，先看1分钟，若1分钟内注视没有离开过秒针，那么可以延长观察时间直至达到注视不离开秒针的最长时间，再按此时间重复数次，每次练习间隔10～15秒。注视秒针的时长保持5分钟视为较好成绩。指导电子竞技员每天训练之余，坚持进行4～5次练习，经过一段时间，注意集中能力就会得到一定程度的提升。

（2）视觉守点法。视觉守点法，即选择一个固定的视觉目标，注视其2分钟，然后转移视线看向浅色的墙或天空，若出现该事物的虚像，就再注视虚像一会儿，接着闭上眼睛，在脑海中重现这个事物的形象。每天这样做3次，每次约5分钟。

（3）发令法。发令法，即要求电子竞技员按照口令去完成动作，分为反口令动作和轻微口令动作两种。反口令动作要求电子竞技员作出与口令相反的动作，如口令"向左转"，则动作为"向右转"。轻微口令动作则是用极其微弱的、勉强能让电子竞技员听清的声音发出命令，让电子竞技员执行，迫使其高度集中注意力。这种方法不宜长时间使用，一般不超过3分钟。

学习单元 2 人机操作的竞技战术

一、英雄联盟人机操作的竞技战术

1. 人机操作部署阶段的竞技战术

在人机操作的部署阶段，电子竞技员需要运用分路战术和阵容搭配战术的知识，根据队友已经选择确定的位置或与队友沟通交流确定自己的分路，再根据队友的英雄属性选择适当的英雄进行搭配，从而保证阵容的合理性。此外，人机模式下，人机方不会选择打野位，上路会有两名英雄，因此，在选择上路位置英雄时，要选择抗压能力强的英雄；在选择打野位置英雄时，要选择清野效率高或抓人能力强的英雄，如图 2-35 所示。

图 2-35 人机模式阵容搭配

2. 人机操作试探阶段的竞技战术

在人机对抗中，人机方会常规上线，不会设计对野区的入侵。因此，不需要对野区进行防守，也可以直接入侵敌方野区。本阶段人机方会以上路 2 人、中路 1 人、下路 2 人的分路进行对线对抗，基本上全程暴露在视野范围内，己方可根据敌方线上人数和英雄强度，选择以多包少、各个击破的战术，如图 2-36 所示。

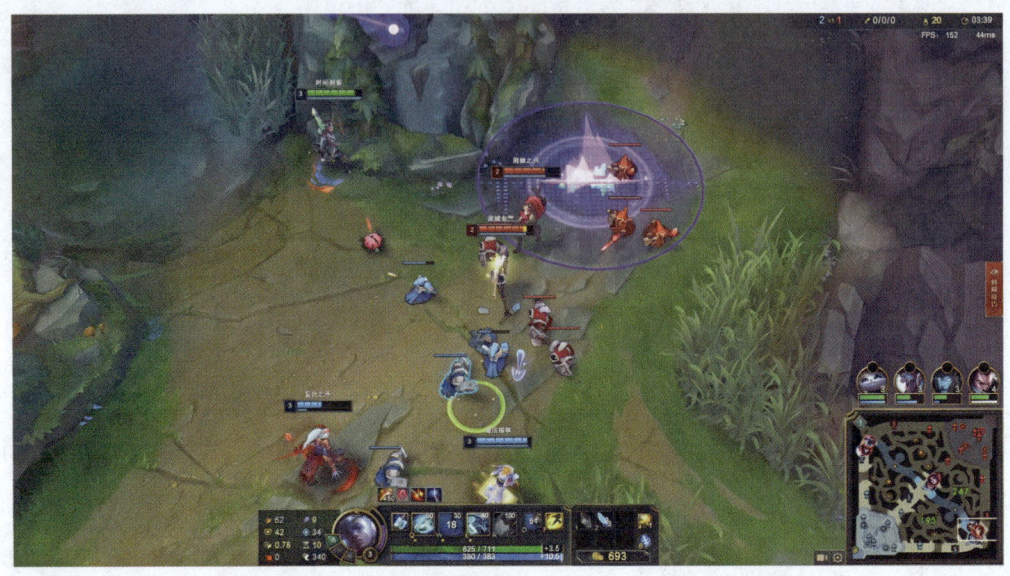

图 2-36 人机模式试探阶段的以多包少、各个击破战术

3. 人机操作博弈阶段的竞技战术

在博弈阶段,人机方针对己方的推进,会对推进处进行支援,但人机方的支援有较强的滞后性。因此,己方可以采取快速推进、转线的战术,使人机方应接不暇、难以防守;若优势较大、状态较好,己方也可以在推塔后就地准备开团;己方还可以通过掌控视野,在人机方支援的路上进行提前蹲伏,如图 2-37 所示。

图 2-37 人机模式博弈阶段的蹲伏

4. 人机操作决战阶段的竞技战术

在决战阶段前，己方通常已积累了较大的优势。人机方会在受到进攻的一路抱团防守并反推，己方直接正面接团即可，如图 2-38 所示。如果局面为均势或劣势，己方可以抓住人机方抱团不紧密的特性，在其集结的路上进行埋伏，以多打少从而取胜。

图 2-38　人机模式决战阶段的团战

二、王者荣耀人机操作的竞技战术

王者荣耀的人机模式分为多种，有标准模式、快速模式、单人模式和人机闯关等，本部分对标准模式进行分析。标准模式又根据难度的高低分为 5 种模式等级，以难度 5 最终试炼为例进行分析。难度 5 的机器人智能性相对较高且强度也很高，技能施放的准确度、视野信息的掌握度、游戏阶段的理解与响应皆与同等段位的真人玩家相差无几，水平甚至可能高于真人玩家。这一模式中己方也有 4 个机器人，机器人与真人玩家无法沟通，所以己方机器人很有可能会阻碍竞技目标的实现与竞技战术的实施。

整体的竞技目标一定是摧毁敌方水晶，获得战局胜利；阶段目标分为 3 种类型，分别为获得属性优势、取得团战胜利和摧毁敌方防御塔。属性优势根据获得渠道又分为装备优势、Buff 优势、等级优势。通过达成阶段目标，才能一步一步地取得最终的胜利。

竞技战术根据竞技目标制定与选择。王者荣耀人机操作的竞技战术依旧分4个阶段进行分析。

1. 部署阶段的竞技战术

开局前总体思路的设计取决于英雄和阵容的选择。在人机模式中，没有BP环节，只能根据个人擅长和英雄属性的相互配合选择英雄或阵容。如果是五排，则可以相互沟通，选择能力强且均衡的阵容；如果少于5人进行训练，势必会补充机器人，机器人的英雄选择不会考虑阵容的强度和特点，只会根据缺少的分路来选择英雄。所以，在少于5人训练的情况下，真人玩家英雄的选择非常关键。

双方能力差异有两方面：一方面，机器人的计算能力与计算速度远高于真人玩家，计算能力的高超体现在优势劣势比较、英雄位置判断、技能施放预判、兵线掌握、血量计算、最优解制定等方面，进一步导致机器人的决策与行动步伐比真人玩家快得多，使真人玩家无法招架如此快速且高效的准确反应；另一方面，如果己方存在机器人，那么己方沟通交流保持战术一致性的可能较小，己方机器人的决策与判断能力也似乎远不及敌方机器人团体。不过，机器人虽然拥有超强的计算能力，但仍依靠程序规定的框架来进行决策与行动，存在一定的僵硬感。例如，机器人会无视远距离的Buff伤害，并不选择躲避反而继续承受伤害；机器人没有任何套路和战术，完全依靠加权计算得出优势方案。

即便五人匹配最终试炼，想完全依靠团队或个人很难获得胜利，不能将希望完全放在取得团战胜利这一阶段目标上，而是通过摧毁敌方防御塔，徐徐图之。应选择强力的推塔阵容或英雄来应对，推塔能力强的英雄有米莱狄、周瑜、刘禅等。

2. 试探阶段的竞技战术

人机模式的机器人刚开局阶段一般不会有非常规的操作，如开局反野或开局抢中，大部分的机器人英雄视野都会出现在小地图上，如图2-39所示，所以在试探阶段按照普通推线、守线、清理野区即可。对于人机模式来说，将经济掌握在真人玩家是比较保险的打法，优势路一定是真人玩家运营的分路。优势路的兵线情况、防御塔情况、经济聚集情况等在全局位置中是最优质的。

3. 博弈阶段的竞技战术

在博弈阶段，己方真人玩家具备绝对经济优势后，优势路需要充分发挥各方面的强势属性，扩大己方在全局的优势，如清理敌方野区、拿下各个带有属性加

图 2-39 试探阶段机器人英雄位置图

成的远古生物、击杀敌方英雄、摧毁敌方防御塔等。但由于机器人的超高计算能力，己方将会受到敌方机器人的高效反攻，所以需要依靠集合按钮，指挥所有己方机器人共同实现唯一阶段竞技目标——摧毁敌方防御塔，以己方机器人为分摊伤害的工具，为自己创造足够的输出空间，在对面掉点后全力推塔或再度发育，如图 2-40 所示。

图 2-40 博弈阶段指挥机器人

4. 决战阶段的竞技战术

如果能够在最终试炼中撑到决战阶段，就基本能够确定整场战局的胜利。决战阶段的敌方机器人依然保持着博弈阶段的计算强度，并没有战术和方法的改变，但此时已方真人玩家的经济已经拉开敌方的经济，具备正面团战的实力。在这一阶段，通过平推、带三线即可实现全局胜利。

三、CS2 人机操作的竞技战术

CS2 项目在前文中已经提到，需要非常多的瞬时沟通和判断，目前的 AI 并未在这方面有尚佳的表现，所以该项目的人机操作以技术锤炼为主，竞技战术的制定仅局限于最基本的布局和即时对抗手段。

1. RUSH

RUSH 在人机操作中比较常见，建议电子竞技员自身携带 C4，和机器人玩家一起行动，若自身死亡后，可以按 E 键操作机器人玩家的角色。

2. 原地架枪

因为机器人玩家的行为操作较为固定，与正常竞技模式的电子竞技员行为不太一样，可能会前压，也可能会蹲在一个地方原地架枪。所以在操作游戏角色时，可以选择原地架枪，等待对方前压，实现人数优势，如图 2-41 所示。

图 2-41　机器人玩家作为 CT 方前压

学习单元 3　竞技战术的沟通方法

一、MOBA 类项目竞技战术的沟通方法

1. MOBA 类项目竞技战术训练的沟通

一支队伍测试、论证、学习、训练一项新的战术，要先由教练员初步进行理论的论证与分析，然后安排电子竞技员进行学习和练习。在学习和练习的过程中，电子竞技员要将理论层面的战术与自身打法风格相结合，并在实践验证中发现问题。因此，电子竞技员间、电子竞技员和教练员间要进行充分沟通，及时反馈自身要进行的个性化改动和实践中存在的问题，从而实现竞技战术的优化。

2. MOBA 类项目竞技战术制定和选择的沟通

MOBA 类项目竞技战术制定和选择主要在部署阶段前后。部署阶段前，队伍需要根据获取的对手信息进行解读和针对性的战术制定：教练员为主导，每一名电子竞技员均积极反馈自己的意见，从而制定整个团队的战术方针。部署阶段后，教练员需要在较短的时间内（1 分钟左右）对双方最终选择的阵容进行简单分析、解读，并安排出己方本局的战术顶层设计。这一步原则上由教练员主导，电子竞技员接受安排。教练员安排结束后，电子竞技员在对局正式开始前还可以就战术的具体执行和细节设计与教练员或其他队员进行简单沟通。

3. MOBA 类项目竞技战术执行和调整的沟通

MOBA 类项目竞技战术执行沟通依赖于整个队伍高频率的有效交流，所有电子竞技员及时汇报自身获取的信息和自身想法，再由指挥位进行信息汇总及分析，结合教练员开局前的战术顶层设计，依据当前局势决定如何操作执行。电子竞技员在执行过程中反馈执行效果以及出现的新情况，为新一轮的反应、汇总分析、具体执行做准备，做到环环相扣。

在很多时候，队伍会遇到局势与预想有较大出入的情况，需要进行战术的总体调整甚至改变本局的战术方向。此时需要指挥位统一队伍意见并安排更适合当前局势的战术，给每一名电子竞技员简单阐述各自的职责和打法有何变化。以上情况多为未预料到的逆风情况，因此在安排战术调整的沟通过程中，指挥位需要态度坚定、言辞果断，让电子竞技员更愿意信任；同时还要注意鼓舞士气、稳定

军心、安慰失误队友,这样才能保证调整后的战术得到较好执行。

二、射击类项目竞技战术的沟通方法

1. 统一名称

射击类项目地图中的每一点位都应统一命名,以便同一队伍电子竞技员间进行信息反馈与呼应,如图 2-42 和图 2-43 所示。

图 2-42　地图雷达显示地点为"狙击点",电子竞技员口头称呼为"VIP"

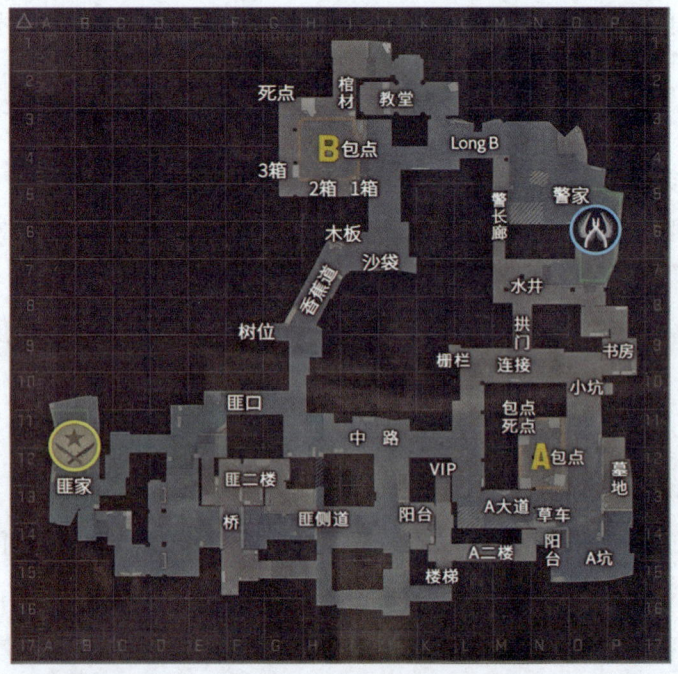

图 2-43　INFERNO 地图常用点位名称

2. 指挥的口述

指挥口述一定要清晰、明确，对场上存活的己方电子竞技员下达的指令一定要具体到人，并按照模拟进攻或防守的顺序来进行。

例如，INFERNO 的 B 区爆弹进攻，指挥下达的命令："1 号电子竞技员扔棺材烟，2 号电子竞技员扔警家烟，3 号电子竞技员扔 3 箱火，4 号电子竞技员扔 1 箱、2 箱火，5 号电子竞技员站在近点端枪，防止敌方电子竞技员反压出来；等待投掷物脱手后，1 号电子竞技员扔闪光，掩护 5 号电子竞技员往前走，其余成员跟进补枪，进行搜点，然后安放 C4。"

在购买装备阶段、暂停阶段进行战术部署时，指挥要总结上回合的不足之处，强调本回合的关键点，尽量做到安抚队员的情绪，保证本回合战术可以顺利实施。

学习单元 4　竞技战术的整体实现

一、英雄联盟竞技战术的整体实现

英雄联盟竞技战术的整体实现即用怎样的方法实现战术的顶层设计，以两个例子进行说明。

选定阵容后，本局的顶层设计：利用阵容强度优势，通过前期入侵、寻求 Gank（抓人）、积累优势、进行速推，在中期结束比赛。整体实现方法：以前期推线能力和战斗能力均较强的中路作为发动机，打野快速清自家野区后配合中路联动，前往上路或下路优势路所在的半区，进行野区入侵；敌方前来防守则寻求开团交战，敌方选择放弃换资源则寻求越塔强攻敌方孤立无援的英雄；控制关键野区资源并快速推塔，积累优势后进一步视野压制、联动抓人和推进，在比赛中期拿到关键推进资源后，寻求机会一波带走比赛。

选定阵容后，本局的顶层设计：保守发育，拖到后期射手装备成型接管比赛。整体实现方法：试探阶段采取保守阵型防止对方入侵，若被强行入侵则考虑换野区、换资源避战，有较高的被越塔风险则放弃防御塔，保证不阵亡即可，各英雄在敌方进攻一个半区时，在另一个半区找机会换资源；在博弈阶段注重视野布控，保证 C 位附近的视野，采取塔下抱团战术进行防守，采用 4 保 1 战术给 C 位更多的经济，提前成型发力接管比赛。

二、王者荣耀竞技战术的整体实现

王者荣耀通过 BP 环节与前期打法思路的顶层设计，来整体实现竞技战术。BP 环节的阵容选择与前期打法思路相互影响、相互决定。

例如，如果顶层设计或整体思路是打快速滚雪球平推，整体实现方法：BP 时，选择的阵容应是前期强势阵容，阵容中一定存在至少一个前期强势的英雄，同时也可以补充一些中后期强势英雄以解决战局可能拖到后期的问题。

前期强势阵容需要在十分钟内结束战局，否则拖到中后期容易因后劲不足而被顺风翻盘。前期强势的英雄可进入敌方野区获得野区资源，快速发育，并且通过压制敌方经济、装备、等级来获得团战对抗的绝对优势，不断以战养战成倍地扩大自身优势；其他位置英雄也通过属性压制快速带线推塔。己方拥有线权才能拥有更多的视野信息，更便于全局野区的收割，最终获得胜利。

具体阵容示例：公孙离、橘右京、张飞、不知火舞和猪八戒。这一阵容中所有的输出位都是前期强势英雄，而猪八戒在后期也可堪当大任，能够弥补后继无力的不足。

经济上，打野位橘右京与射手位公孙离全程经济应属全队最高位，甚至需要高于敌对方对位英雄经济，而猪八戒与不知火舞的功能性更强，经济可稍差。

试探阶段，中野联动入侵敌方野区获取资源，接着收割己方野区资源，从而获得远高于敌方对位英雄的经济与等级；射手位与游走位抱团清理中路兵线，然后迅速转线到发育路带线。博弈阶段，以打野位或射手位为核心，在野区或线上主动发起战斗，并依旧按照开局操作，打野位不断在敌方与己方野区来回行动。决胜阶段，各个位置通过不断扩大的属性优势与视野掌控优势分推三路，最终摧毁敌方水晶。

三、CS2 竞技战术的整体实现

CS2 竞技战术的整体实现也需要进行顶层设计。

1. CS2 进攻方竞技战术的整体实现

以 INFERNO 地图为例，以采取进攻 B 区为竞技战术的策略目标时，可以考虑以下实现方法。

（1）获得香蕉道与 A 二楼侧道的控制权后，确保中路近点没有防守方，收集不到信息；4~5 名电子竞技员在香蕉道集结，进行爆弹（扔投掷物掩护进攻）进攻，攻入雷区，安放 C4，进行守包，等待 C4 成功引爆。

（2）在获取香蕉道近点控制权后直接爆弹提速进攻，走在最后一位的电子竞技员需要对后路进行提防，防止敌方电子竞技员前压；之后攻入雷区，安放 C4，进行守包，等待 C4 成功引爆。

（3）RUSH 战术的整体实现：在回合开始时直接进攻 B 区，配合投掷物，攻入雷区，安放 C4，进行守包，等待 C4 成功引爆。

2. CS2 防守方竞技战术的整体实现

以 INFERNO B 区的防守为例，可以考虑以下实现方法。

（1）应对敌方 RUSH 战术，做好投掷物的使用，及时将 RUSH 信息反馈给队友，呼叫队友增援，阻止敌方安放 C4。

（2）在控制香蕉道的情况下，可以安排一名防守的电子竞技员在石板跳着观察匪口，获取敌方进攻信息，并及时将敌方进攻信息反馈给队友，呼叫队友增员，阻止敌方安放 C4。

（3）在不具备地图关键点位控制的情况下，两名 B 区防守方电子竞技员可以进行观察，也可以直接进行架枪，防止敌方对雷区进行进攻。具体站位可以是一名电子竞技员在警家晃身观察，手上握着烟雾弹或燃烧弹，敌方有进攻意图时道具脱手，拖延回防时间；另一名电子竞技员可以在棺材位或 3 箱位进行垫后，防止对方踩火、突烟。

1. 和队友同阵营进行一场人机操作对抗，训练竞技战术的正确沟通方法，总结沟通的注意要点。

2. 依据自身人机比赛录像，判断竞技阶段，简要分析决胜阶段获胜因素。

职业模块 3
电竞数据分析

培训课程 1

电竞数据识别

学习单元 1 电竞平台数据识别

电竞平台的数据分为两类,一类为电竞项目内数据,即电竞项目对局本身产生的数据,另一类为电竞项目外数据,即电竞平台通过赛事直播所产生的数据。

电竞项目内数据是对局本身产生的、未经后端包装处理的数据。

以胜率预测为例,图 3-1 所示为 DOTA 2 项目内数据,在对局开始后由系统自动生成。而英雄联盟项目的胜率预测则是项目外产生的,需要数据方将相关内容提供给赛事制作方,进而在数据面板上呈现,如图 3-2 所示。

图 3-1 DOTA 2 胜率预测走势图

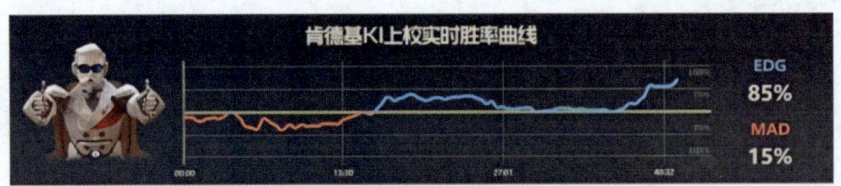

图 3-2　英雄联盟胜率预测曲线图

一、电竞平台

电竞平台主要包括：游戏官方网站、游戏直播平台、短视频平台、长视频平台以及社交媒体平台等。本节主要对游戏直播平台、短视频平台、长视频平台以及社交媒体平台进行介绍。

1. 游戏直播平台

目前主要的游戏直播平台有 CC 直播、斗鱼直播、虎牙直播以及 bilibili 直播等，如图 3-3~图 3-6 所示。这四大平台在其首页均有专属相关赛事跳转指引，单击即可查看并进入各项电竞赛事的直播间，图 3-7 所示为 CC 直播赛事直播间，图 3-8 所示为斗鱼直播间。大部分游戏直播平台会在特定时间段于平台首页和两侧的广告位进行电竞赛事相关引流。

2. 短视频平台

区别于传统直播平台，短视频平台几乎都依托于移动端，并未对直播进行过多分类。用户除了可主动搜索电子竞技赛事相关内容外，如图 3-9 所示，短视频平台会通过用户习惯进行电竞内容推荐。

图 3-3　CC 直播网页首页

职业模块3　电竞数据分析

图 3-4　斗鱼直播移动端首页

图 3-5　虎牙直播网页首页

135

图3-6 bilibili直播网页首页

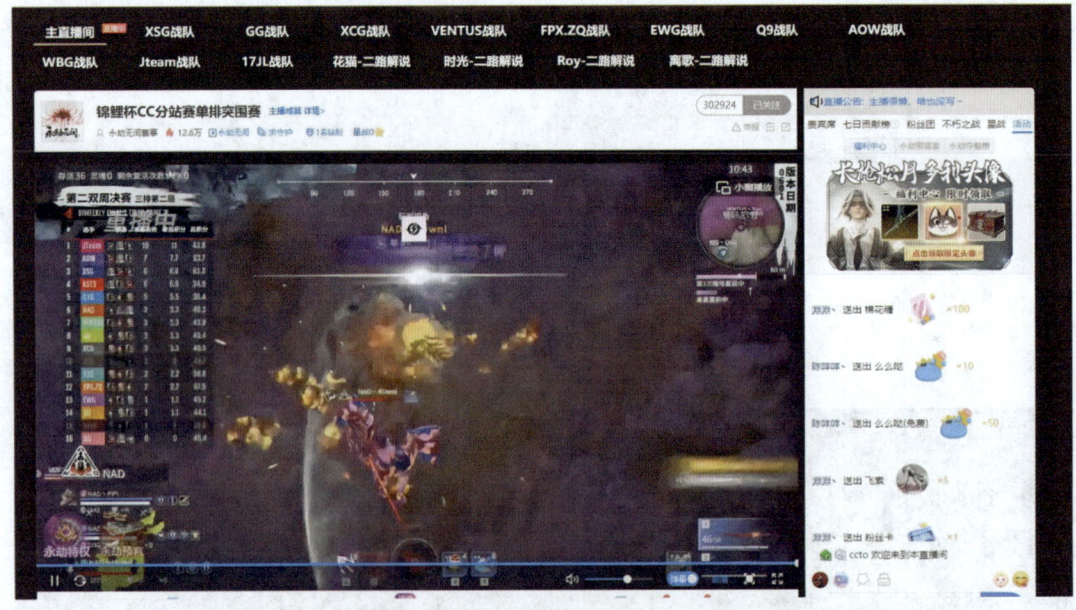

图3-7 CC直播赛事直播间

3. 长视频平台

腾讯视频、优酷视频、芒果tv等长视频平台也有相应的电竞或游戏专区,用户也可以在搜索栏直接搜索电竞相关内容,如图3-10和图3-11所示。

职业模块 3　电竞数据分析

图 3-8　斗鱼直播间

图 3-9　快手平台搜索页

图 3-10　优酷视频游戏专区

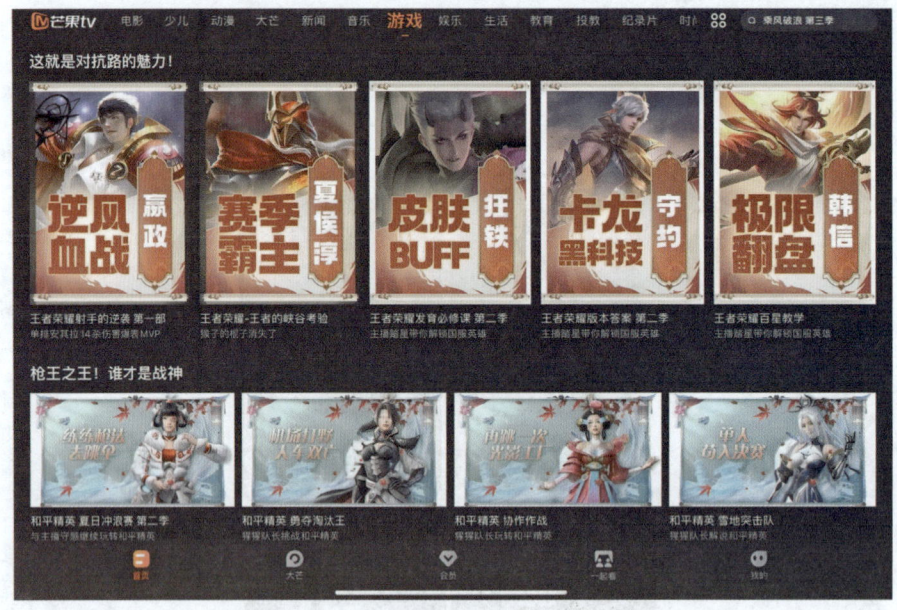

图 3-11　芒果 tv 游戏专区

4. 社交媒体平台

除了直播平台和视频平台外,社交媒体平台也纷纷开始涉足直播行业。在社交媒体平台上开设电竞直播,便于用户将资讯获取、赛事讨论和观看直播这三大需求集中在同一平台,如图 3-12 所示。各大赛事会在微博平台开设直播,在赛事期间,点击赛事官方资讯号头像即可进入相关直播。

图 3-12 微博平台永劫无间赛事官方资讯号

二、电竞平台数据内容

一场赛事在直播的过程中会展示各类数据，根据竞技项目的不同，所展示的数据内容也会有所不同。按直播进程划分，通常分为赛前数据、赛中数据、赛后数据三种数据类型。一般情况下，赛前和赛后阶段通常使用非实时数据，而赛中阶段大部分使用实时数据——实时数据通常反映赛事过程中的实时情况。实时数据要求在直播过程中做到低延时甚至无延迟，对数据 ETL（抽取、转换、加载）过程有较高要求。但实时数据的存储成本远高于非实时数据，因此现阶段在赛事直播过程中使用实时数据与非实时数据结合呈现的方式。

1. 赛前数据

赛前数据会在电竞比赛开始前进行展示，作为比赛的预热环节。赛前数据有助于观众在赛前讨论队伍和选手的特点，烘托赛事氛围，延长赛事直播时长。赛前数据高度依赖历史数据，对于新的电竞项目和选手，可能会出现单薄甚至空白的赛前数据现象。

以梦幻西游手游武神坛巅峰联赛为例,赛事方在赛前展示指挥(队伍领袖)的核心数据,如胜率、场均回合数、一速控制率、常用阵法及阵法胜率等,来呈现队伍的打法风格和常用战术,如图3-13所示。

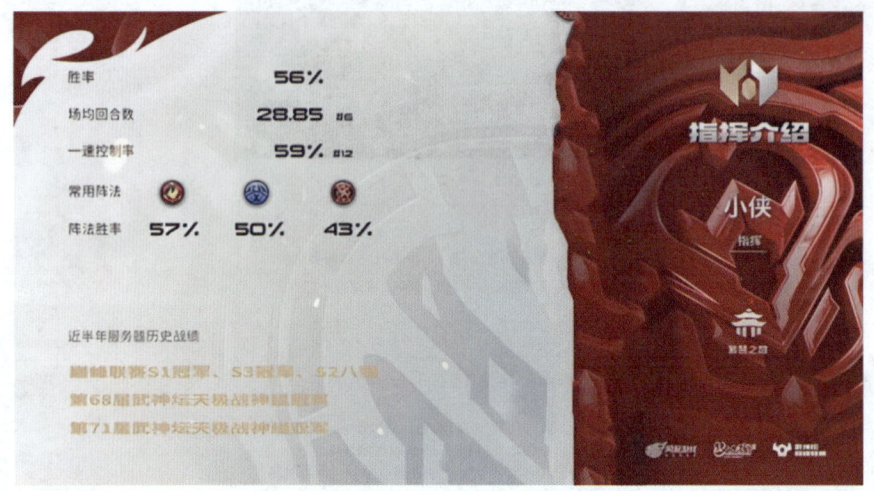

图3-13 梦幻西游手游武神坛巅峰联赛指挥小侠核心数据

以第五人格为例,作为一款非对称电竞项目,它的赛前数据展示会分为求生者和监管者两个阵营。求生者数据主要为局均演绎得分、局均牵制时间、局均救人次数、局均破译进度、局均治疗次数、逃生率、常用角色,如图3-14所示;监管者则为局均演绎得分、局均击倒次数、局均淘汰次数、局均恐惧震慑次数、局均击倒用时、四抓率、常用角色,如图3-15所示。

 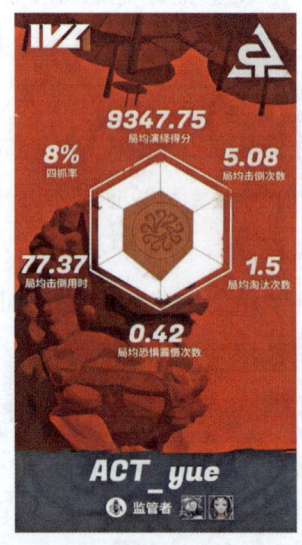

图3-14 第五人格赛前求生者数据　　图3-15 第五人格赛前监管者数据

以永劫无间为例，其赛前展出的选手数据主要为擅长英雄、场均击败、场均治疗、场均伤害等，如图3-16所示。

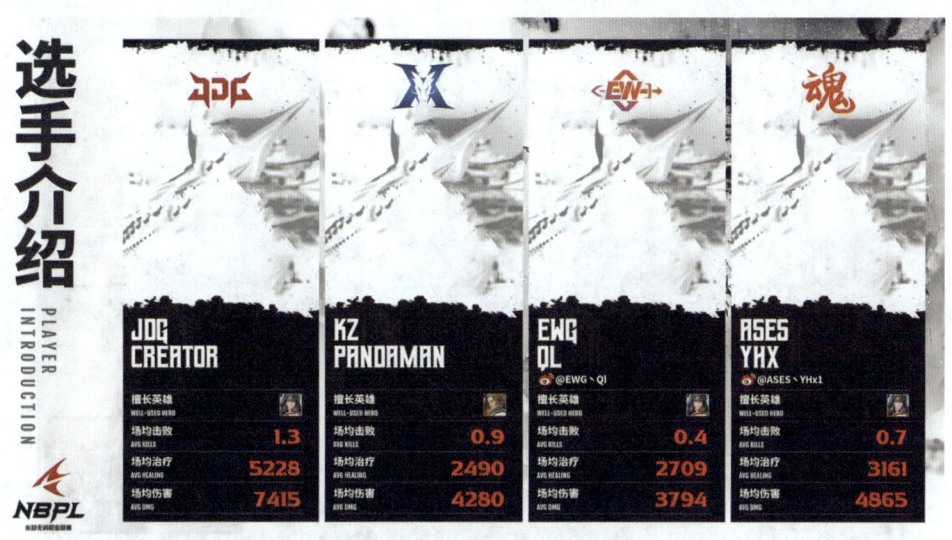

图3-16 永劫无间选手介绍

2. 赛中数据

赛中数据是比赛进行过程中展示的实时数据，按数据源可以分为两类。一类是项目内置观赛系统自带的数据，这类数据直接呈现在竞技看板上。例如，MOBA类项目的时长，对阵双方的经济、击杀与核心资源获取情况，能帮助选手和观众实时、快速了解对局概况。另一类是基于历史数据生成的数据展示，既包括BP环节中呈现的英雄出场率、胜率等数据，又包括竞技过程中的高光时刻复盘数据，如英雄联盟在小团战之后展示的双方伤害输出对比等。在快速、激烈的团战中观众往往难以看清细节，此类带有实时性质的历史数据有助于观众进一步了解对局情况，补充直播画面中看不到的数据细节。

以梦幻西游手游巅峰赛为例，比赛开始前的BP环节会展示双方角色的出场率以及相应胜率，侧面论述队伍的战术和打法，如图3-17所示。

在炉石传说酒馆比赛直播中，展示所有选手的血量、星级以及三连数，呈现当前对局中各方的优势劣势，如图3-18所示。

以第五人格为例，在图3-19中，左侧数据为密码机进度，右侧为求生者关键天赋使用情况，通过这些赛中数据的展示能帮助观众更好地理解比赛。

以永劫无间为例，图3-20左侧为永劫无间的实时积分，通过积分展示当前的赛况。

图 3-17 梦幻西游手游巅峰赛赛前 BP 数据

图 3-18 炉石传说酒馆比赛赛中数据

图 3-19 第五人格赛中数据

图 3-20 永劫无间赛中数据

3. 赛后数据

一场比赛结束后,所有观众刚从赛事激烈对抗的高潮中走出,通过赛后数据快速对比赛进行复盘和高光呈现,能够使观众情绪进一步释放并加深赛事话题制造。

以梦幻西游手游巅峰赛为例,赛后会呈现全场最佳角色,多维度数据来展现该角色在团队内的贡献,全场最佳角色人选讨论能够营造赛事氛围,同时可制造赛事话题。梦幻西游手游对不同定位的角色,用特定数据来呈现,如图 3-21 所示为辅助类角色,其数据以治疗、承伤(承受伤害)为主。

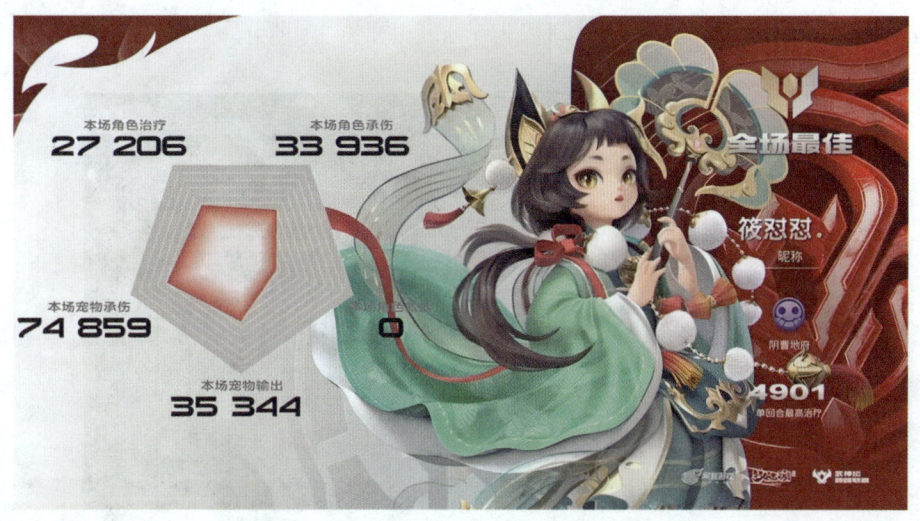

图 3-21 梦幻西游手游巅峰赛赛后数据 1

复盘界面能让观众对一场比赛的关键信息进行快速回顾。如图 3-22 所示，在梦幻西游手游复盘界面中，按布局可分为 4 块。

（1）顶部呈现对局的双方队伍名称、当前大比分以及对局回合数。

（2）"本场数据"罗列双方队伍的人物总伤害、宠物总伤害、总治疗量、上场宠物数和特技使用。

（3）左下角呈现队伍血量百分比差值随项目回合数的变化曲线，可以清楚观察到整局双方血量变化情况。

（4）右侧展现的是所有角色经脉器灵使用情况。

图 3-22　梦幻西游手游巅峰赛赛后数据 2

MOBA 类项目决战平安京的对局复盘界面会直观呈现每个式神（游戏角色）的伤害、队伍核心数据、禁用式神以及队伍经济曲线。通常情况下，队伍经济曲线差可以反映一场比赛双方的优势和劣势，如图 3-23 所示。

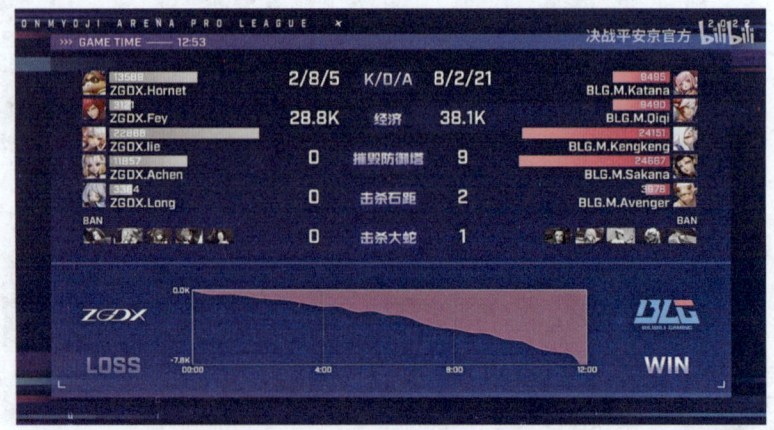

图 3-23　决战平安京赛后数据

第五人格项目赛后数据展示的是本局比分、地图、比赛进程走势图；求生者、监管者选用的角色；各名求生者本局的破译进度、砸板命中次数、救人次数、治疗次数、牵制监管者/秒；监管者剩余密码机数量、破坏板子数、命中求生者次数、恐惧震慑次数及击倒次数，如图3-24所示。

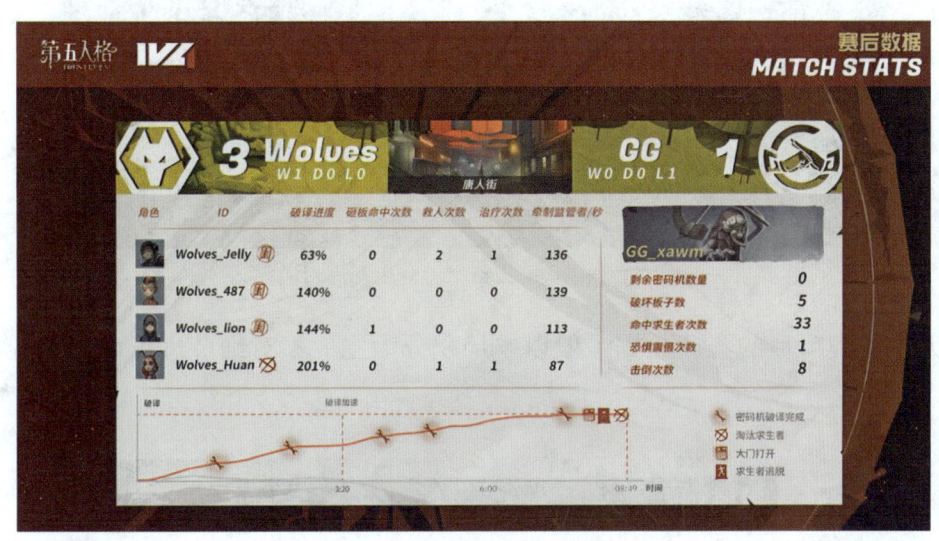

图3-24　第五人格赛后数据

天下3虽然是大型多人在线角色扮演项目，但赛后数据呈现形式与主流赛事差异较小，能直观让观众读懂比赛关键信息，如图3-25所示。

图3-25　天下3赛后数据

一梦江湖将赛后数据可视化，呈现关键角色的核心数据，如图3-26所示。

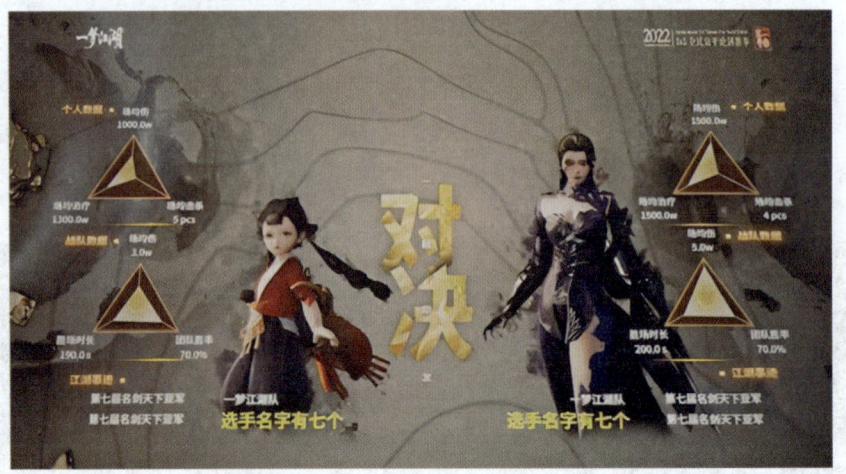

图 3–26　一梦江湖赛后数据

大逃杀类项目的赛后数据一般以本局积分为主，不对细节进行详细呈现，如图 3–27 所示。

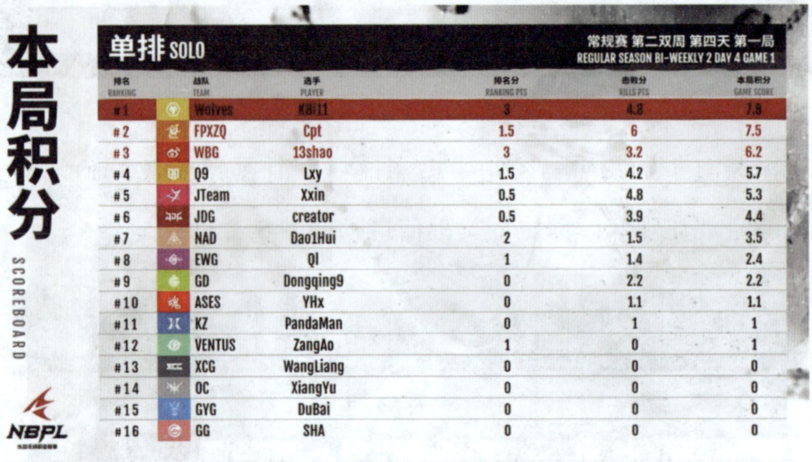

本局积分 SCOREBOARD

单排 SOLO　常规赛 第二双周 第四天 第一局 REGULAR SEASON BI-WEEKLY 2 DAY 4 GAME 1

排名 RANKING	战队 TEAM	选手 PLAYER	排名分 RANKING PTS	击败分 KILLS PTS	本局积分 GAME SCORE
#1	Wolves	Kili11	3	4.8	7.8
#2	FPXZQ	Cpt	1.5	6	7.5
#3	WBG	13shao	3	3.2	6.2
#4	Q9	Lxy	1.5	4.2	5.7
#5	JTeam	Xxin	0.5	4.8	5.3
#6	JDG	creator	0.5	3.9	4.4
#7	NAD	Dao1Hui	2	1.5	3.5
#8	EWG	Ql	1	1.4	2.4
#9	GD	Dongqing9	0	2.2	2.2
#10	ASES	YHx	0	1.1	1.1
#11	KZ	PandaMan	0	1	1
#12	VENTUS	ZangAo	1	0	1
#13	XCG	WangLiang	0	0	0
#14	OC	XiangYu	0	0	0
#15	GYG	DuBai	0	0	0
#16	GG	SHA	0	0	0

NBPL

图 3–27　永劫无间赛后数据

学习单元 2　电竞媒体数据识别

一、电竞媒体渠道分类

同电竞平台一样，想要准确识别媒体渠道的数据，需要先了解渠道分类及其数据展示位置。当下电竞赛事的媒体渠道主要有三大类：赛事官方网站及官方自媒体等官方媒体渠道、赛事官方直播间外嵌页、第三方统计渠道。

1. 赛事官方网站

最直接的展示渠道为赛事官方网站（以下简称官网）。通过搜索引擎，搜索进入官网，数据展示通常位于官网顶部导航栏，如图3-28所示。

图3-28　第五人格官网

官网上通常能查询到赛事队伍和选手的常用关键数据，如梦幻西游手游官网上可以看到战队的回合数和胜率，每个角色的击败、输出、封印和治疗，以及每个门派的出场占比，如图3-29所示。

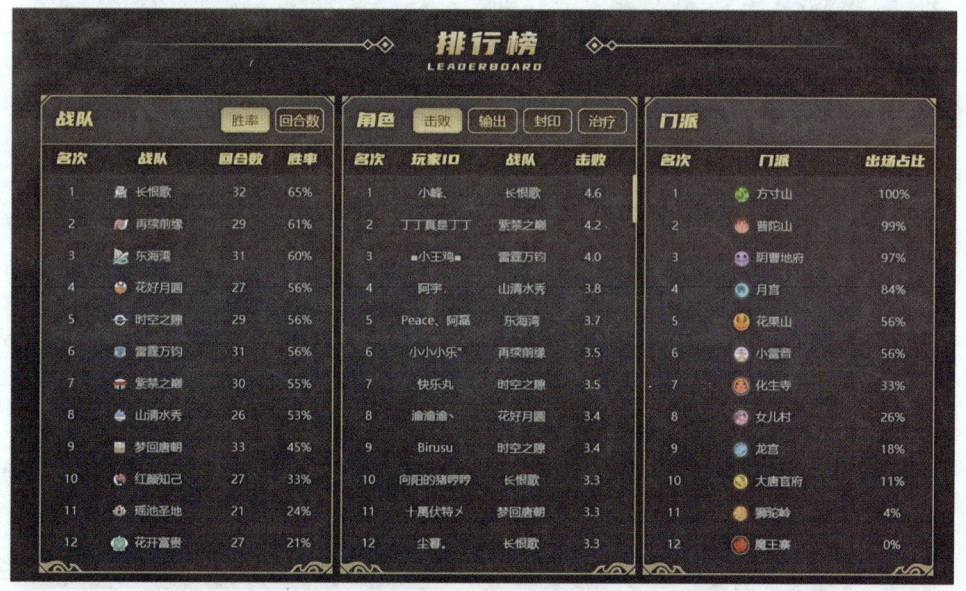

图3-29　梦幻西游手游官网数据

除了赛事数据，官网也会发布赛事的赛程安排，包括每日的比赛时间、比赛队伍等内容，如图3-30~图3-32所示。

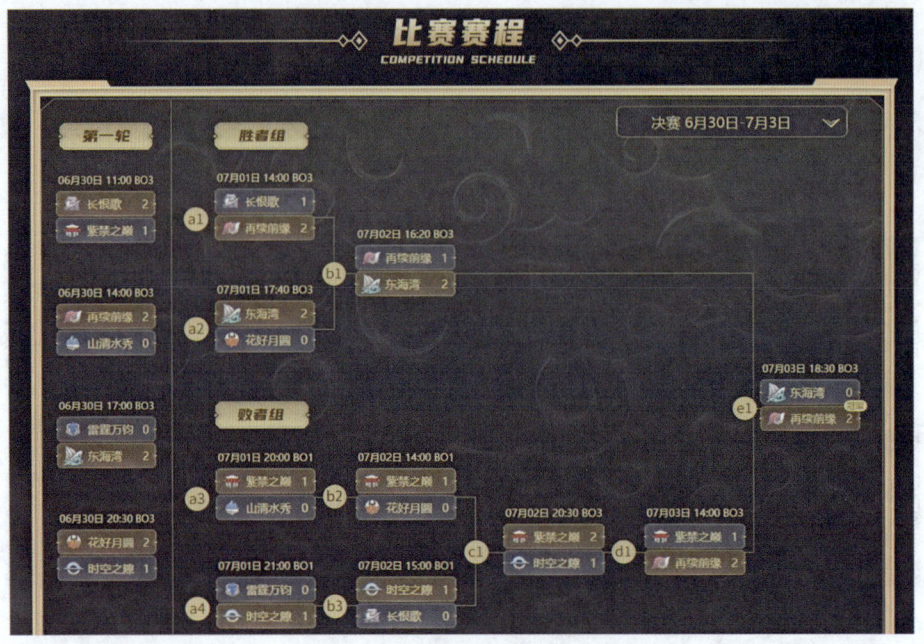

图 3-30　官网赛程安排 1

图 3-31　官网赛程安排 2

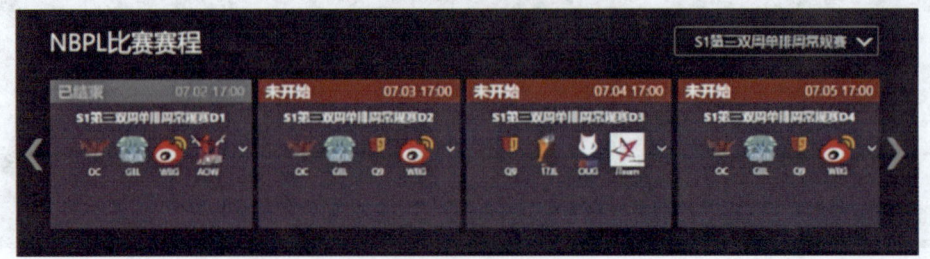

图 3-32　官网赛程安排 3

2. 赛事官方直播间外嵌页

赛事官方直播间外嵌页指斗鱼、虎牙等直播平台内嵌的赛事专题页，从网页端进入到直播平台赛事直播间后，进行下滑，即可找到相关的数据展示位置，如图 3-33 所示。

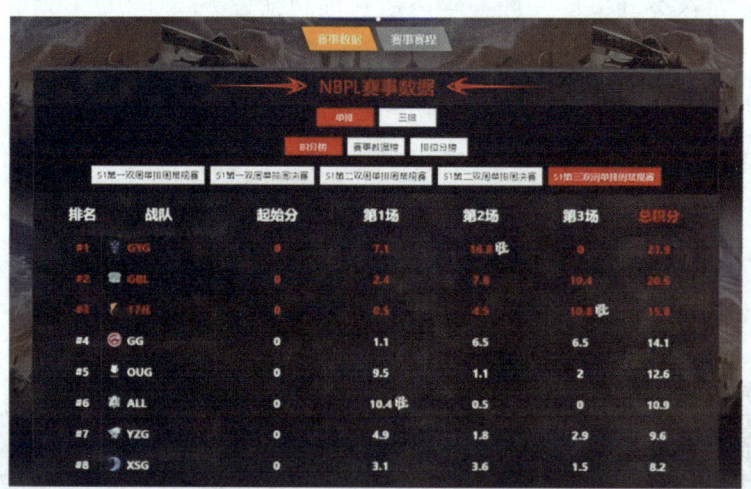

图 3-33　永劫无间网页端赛事数据

在直播平台移动端，发送弹幕区域的上方通常会有赛事数据的字样提醒，点击即可进行查看，如图 3-34 所示。

图 3-34　永劫无间移动端赛事数据

3. 第三方统计渠道

第三方统计渠道形式多样，包含第三方数据网站、粉丝、电竞爱好者等，一般会将数据发布在公共论坛、社交平台或数据网站上。

二、电竞媒体数据特征

电竞媒体渠道展示的数据主要是选手和战队的统计数据，以及对基础数据进行简单处理的复合型数据。

以第五人格为例，赛事官方直播间外嵌页及官网展示数据均为场数、mvp次数、局数、总演绎分、场均演绎分、求生者轮数等，如图3-35所示。

排名	选手	场数	mvp次数	局数	总演绎分	场均演绎分	求生者轮数
1	Wolves_Alex	7	2	20	201150	10057.5	0
2	Wolves_487	7	2	20	157368	7868.4	20
3	Wolves_Jelly	7	0	20	125341	6267.05	20
4	Wolves_lion	7	0	20	161498	8074.9	20
5	Wolves_Huan	7	1	20	153950	7697.5	20
6	Gr_ppx	7	1	17	154431	9084.18	0

图3-35 第五人格选手数据

战队总牵制时间、场均牵制时间、总破译进度、总救人次数等，如图3-36所示。

排名	战队	总牵制时间	场均牵制时间	总破译进度	场均破译进度	总求人次数
1	FPX.ZQ	4222	281.5	8625	575	34
2	Wolves	5749	287.46	10973	548.65	40
3	WBG	5307	312.21	9299	547	35
4	DOU5	5176	304.51	9435	555	45
5	Gr	5080	298.85	9170	539.41	44
6	MRC	4607	287.99	8774	548.38	44
7	Reborn	5863	308.62	10397	547.21	53
8	ACT	3249	232.14	7351	525.07	26
9	GG	3894	324.55	6379	531.58	39
10	GW	3199	290.88	5929	539	28

图3-36 第五人格战队数据

以永劫无间为例，由于其特殊的"逃杀"赛制，展示数据更为复合，既需要通过数据展示比赛结果，呈现每场积分和总积分，如图3-37所示，又需要通过数据展示战队和选手的发挥水平，如战队总参赛局数、总击杀、场均击杀、总伤害、场均治疗等，如图 3-38 所示。

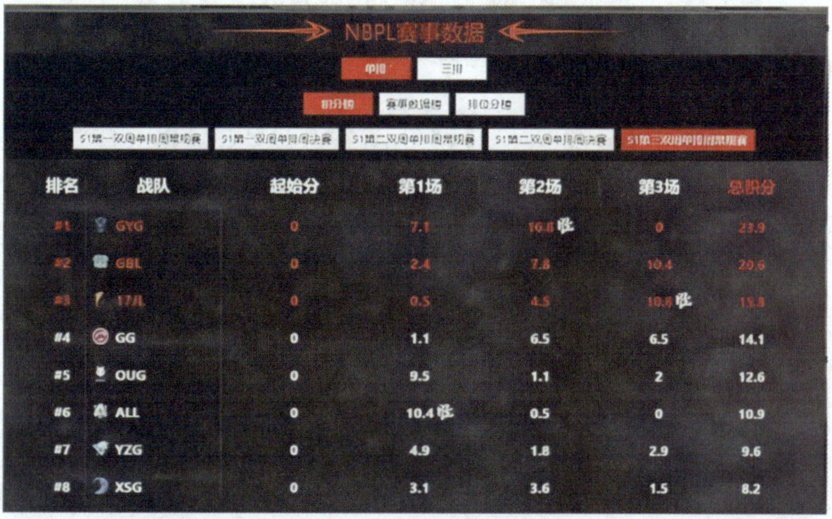

图 3-37　永劫无间积分数据

图 3-38　永劫无间战队数据

培训课程 2

电竞数据理解

电竞平台展示的各种数据可帮助选手、俱乐部、解说、分析师及观众等直观了解比赛走势、进程以及选手的发挥水平。

例如,梦幻西游手游会在赛后展示全场最佳选手的核心数据:本场角色输出、本场角色击败、本场角色承伤、本场宠物输出、本场宠物承伤。这些数据通常以多维图的形式出现,使选手的优势和劣势、临场发挥都鲜明地展示出来,有助于更准确悉知选手能力与特点,如图3-39所示。

图3-39 梦幻西游手游赛后数据五维图

本节以第五人格为例,对该项目在电竞平台所展示的数据进行简要说明。图3-40展示的是第五人格选手赛前数据,包括局均演绎得分、局均牵制时间、局均救人次数、局均破译进度、局均治疗次数、逃生率。

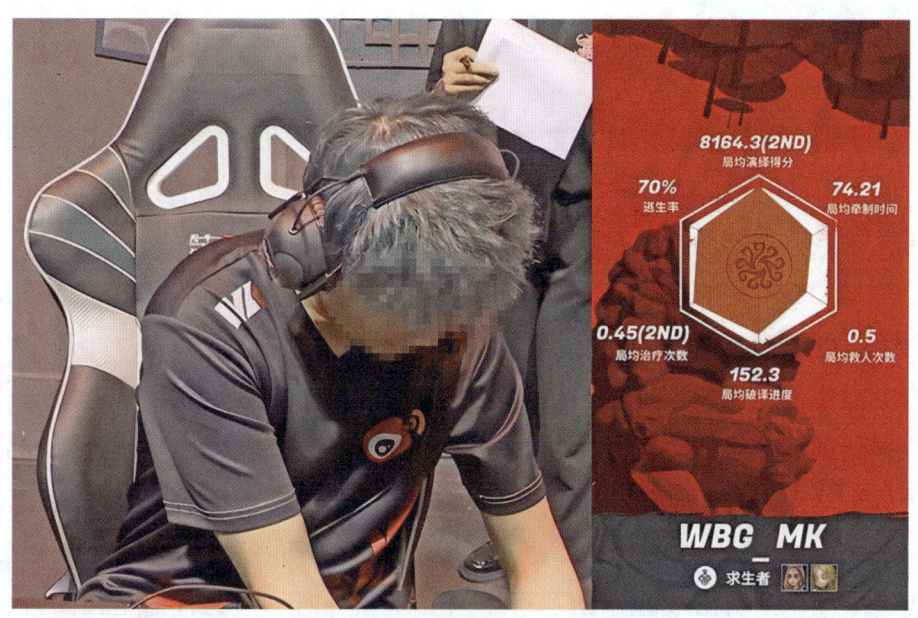

图 3-40 第五人格选手赛前数据

1. 演绎得分

演绎得分是项目基于选手在对局中的表现，综合出来的得分。竞技过程中每一项行为的完成都有助于演绎得分的增加，演绎得分的高低可以在一定程度上判断选手本场比赛的参与和表现情况。

2. 牵制时间

牵制时间在第五人格中主要表现为求生者牵制监管者的时间。从项目特性来说，监管者在追击一名求生者的过程中，其他3名求生者会被解放出来进行密码机的破译。因此，这一时间的长短直接决定其他队友能获得多久的破译时间。求生者能否获得比赛胜利取决于他们能否破译完5台密码机，并点亮大门，逃出庄园。因此，牵制时间对于比赛结果的走向起着极为关键作用。

3. 救人次数

在竞技过程中，求生者一旦被击倒，监管者会将求生者挂至狂欢之椅上，此时求生者方可前往救援被挂的求生者，救援成功记为一次救人次数。

4. 破译进度

在牵制时间中已经介绍过，能否破译完5台密码机是比赛的关键。个人破译多少台密码机，也决定着比赛走向。

5. 治疗次数

当求生者处于受伤状态时，其队友可以对其进行治疗，一次治疗恢复50%的健康进度条。一次成功的治疗，记为一个治疗次数。

6. 逃生率

逃生率即为求生者逃出庄园的次数与求生者参赛的轮数相除得出的比率。逃生包括从大门逃出和从地窖逃出两种形式。

通过对以上数据的复合分析，可以判断出选手在队伍中主要担当的位置，以及队伍整体的配合和战绩情况。例如，如果队伍求生者的逃生率低于整体均值，那说明队伍负多胜少。

电竞媒体渠道的数据展示与电竞平台数据展示的目的一致，一方面通过综合历史数据帮助观众了解电子竞技员和所属战队的实力强弱、比赛风格等，加深电子竞技员在观众心中的印象；另一方面媒体、电竞爱好者和粉丝会对竞技过程中产生的高光数据进行二次传播，帮助电子竞技员扩大知名度。

当一个电竞项目形成稳定的赛事体系后，会出现一些拥有电竞相关专业知识的观众，会对比赛内容、参赛选手和战队进行数据层面全面整理与深度分析。越来越多赛事方组织和激励玩家、观众自主二次创造与赛事相关的数据内容。

课后练习

1. 电竞项目外数据分为哪几类？
2. MOBA 类项目赛前、赛后数据展示分别应当包括哪些主要内容？

职业模块 ④
电竞活动表演

培训课程 1

电竞专项操作演示

学习单元 1　电竞专项操作演示场景

电竞专项操作演示的应用十分广泛，包括各专项介绍宣传、教学指导、分享交流、趣味互动等。这些操作演示的主要表现形式为视频，在受众群体较大的一些项目中，直播、文字等形式也大量于网络中进行传播。以传播渠道划分，电竞专项操作演示的内容分别在官方平台和自媒体平台进行传播。

一、官方平台

1. 官方账号、官方 App

官方账号或官方 App 的受众群体大，发布的信息与自身和受众利益直接相关，同时具有导向性，如图 4-1 所示为王者荣耀 bilibili 官方账号，图 4-2 所示为王者荣耀王者营地 App，图 4-3 所示为永劫无间官方公众号。官方账号或官方 App 要基于真实、客观的原则，将产品、品牌等优势展现出来，更全面展示给受众群体。

图 4-1　王者荣耀 bilibili 官方账号

电子竞技员（五级）

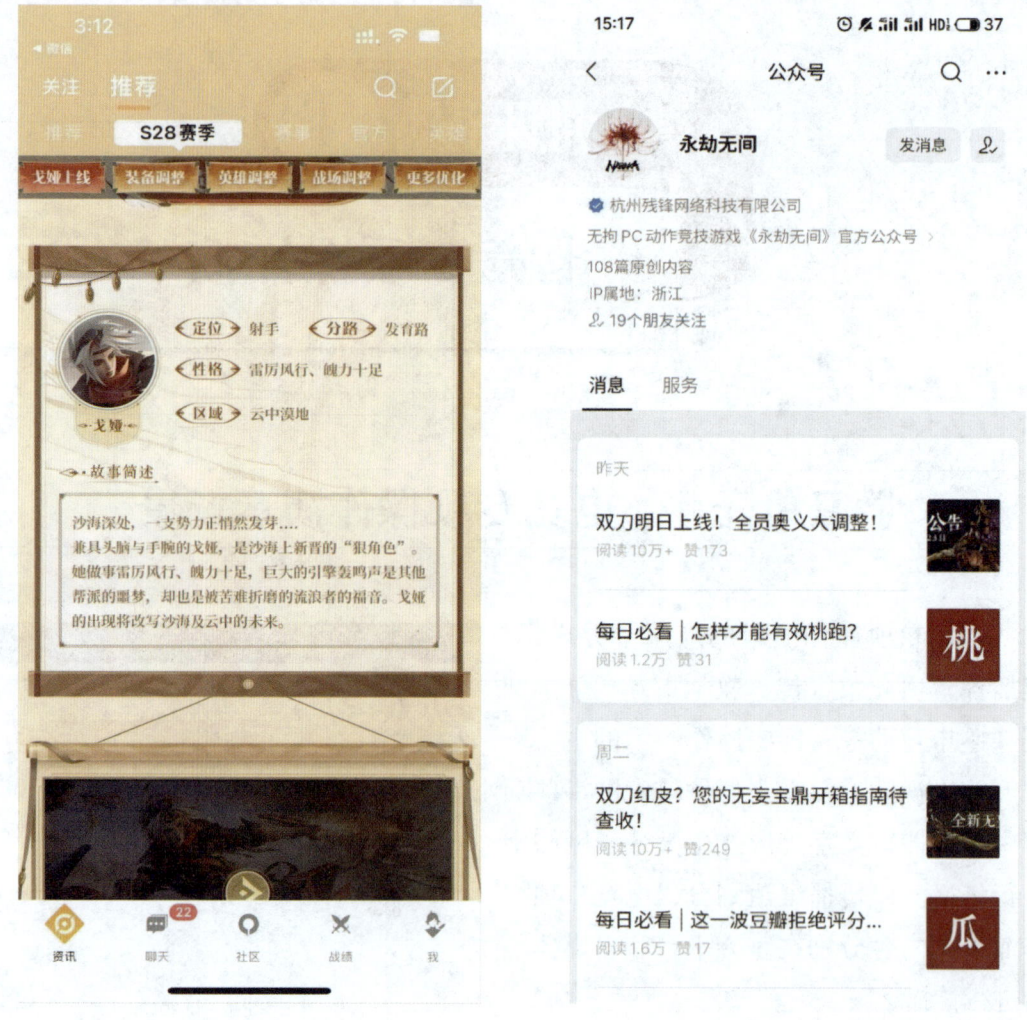

图 4-2　王者荣耀王者营地 App　　　　图 4-3　永劫无间官方公众号

2. 官方网站

官方网站有大量电竞项目最基础的介绍和说明。特别注意的是，电竞项目版本更新通常都会第一时间在官方网站进行发布，电竞专项操作演示在此时显得尤为重要，能够帮助电子竞技员及时了解版本更新内容，如图 4-4 和图 4-5 所示。

为了宣传优良的项目品质以及良好的用户体验，许多电竞项目会定期推出官方宣传片。一般来说，电竞项目的竞技内容是宣传片的核心内容，而电竞专项操作演示是制作相关宣传片的基础。图 4-6 所示为英雄联盟官方网站视频中心，图 4-7 是针对版本更新推出的相应宣传介绍视频，并通过微博进行官方发布。

职业模块 4　电竞活动表演

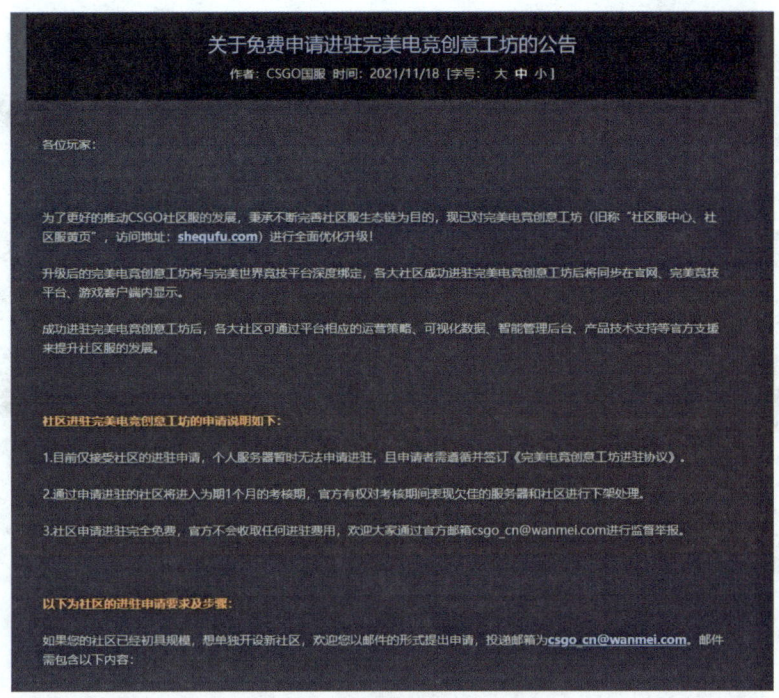

图 4-4　CS:GO 官方公告通知

图 4-5　英雄联盟版本更新公告

159

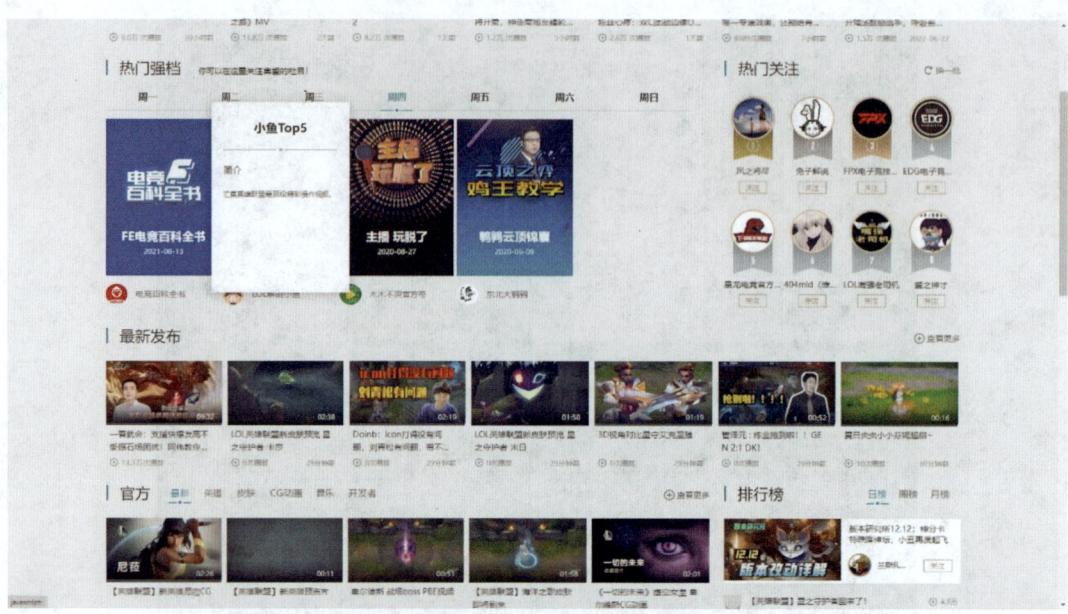

图 4-6 英雄联盟官方网站视频中心

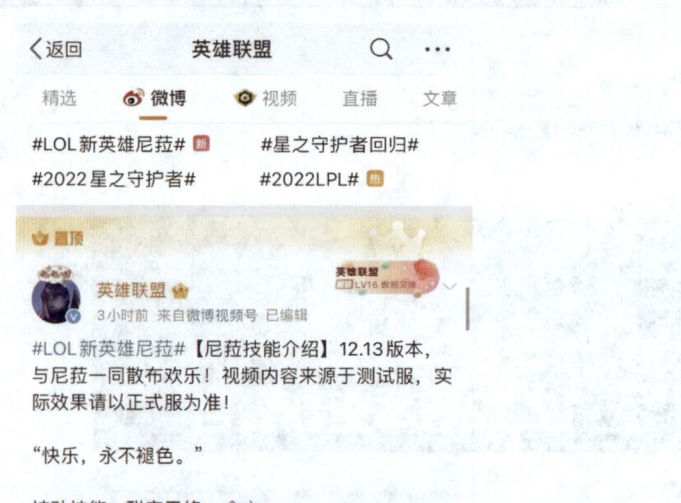

图 4-7 英雄联盟新英雄视频介绍

二、自媒体平台

自媒体是非官方媒体，指普通大众通过网络等途径向外发布信息的一种传播方式，是私人化、平民化、普泛化、自主化的传播者，以现代化、信息化的手段，向不特定的大多数或者特定的单个人传递规范性及非规范性信息的新媒体的总称。

自媒体可以简单理解为个人媒体，以个人身份注册账号，发布相关内容，通过视频、文字、直播等方式向外界传播信息。信息具有自己的目标受众和已定领域，具有意见性。

电竞专项操作演示的自媒体场景主要有直播、短视频、公众号推文 3 种类型。

1. 直播

区别于赛事直播或视频制作主播，现在的电竞直播通常由非厂商直接签约的电竞主播开展，目前他们是互联网上电竞专项操作演示的主力军。近年来，由主播帮助上游厂商提高电竞赛事、广告活动的影响力和渗透率越来越显著。

直播具有即时性和强互动性，即时发布的同时产生了评论、弹幕的互动形式。主播与受众具有高黏性，受众在选择直播进行观看时会重点考虑自己对主播的感受，这个特点促进了以主播为中心的圈层受众建立。相对来讲，较为专注于电竞主播的直播平台有斗鱼直播平台（如图 4-8 所示）、虎牙直播平台（如图 4-9 所示）、bilibili 直播（如图 4-10 所示）。

图 4-8　斗鱼直播平台首页

图 4-9 虎牙直播平台首页

图 4-10 bilibili 直播首页

2. 短视频

短视频相对于直播，在创意点上有更大的发展空间。当下，在任何领域，短视频的创作都百花齐放。每一个短视频自媒体的背后，都聚合一个能量磁场，自带粉丝和流量的自媒体人能够快速提升品牌认知和信任。短视频平台针对不同电竞项目普遍都会设有专门的标签，图 4-11 所示为英雄联盟标签下的推荐短视频，

图 4-12 所示为 APEX 英雄标签下的推荐短视频。

图 4-11 短视频平台英雄联盟标签下的推荐短视频

图 4-12 短视频平台 APEX 英雄标签下的推荐短视频

3. 公众号推文

电竞宣传文章多以公众号推文的形式展示，尤其是与受众群体进行互动交流时，公众号所起到的效果要远优于其他渠道。如图 4-13 所示，公众号推文的内容以文字、图片的形式展示。

如图 4-14 所示，某公众号推送了一篇关于反作弊的推文。在反作弊这件事上，射击类项目的厂商们已经在有限的范围内绞尽脑汁。其中，动视暴雪当家产品"使命召唤"的反外挂系统，就是积极的"抗挂"典型。

这个反作弊系统，即 RICOCHET，与过往常见反作弊系统最大的区别在于不急于封禁作弊者，而是从他们身上获取更多作弊相关信息和数据，并"主动出击"降低作弊者的竞技体验。

图4-13 公众号推文内容展示

图4-14 公众号推文展示

自媒体使得人人都能将自己的文章、视频上传,极大降低了内容创作的成本;用户可以在短时间内阅读到许多自己关心话题的相关内容。

以英雄联盟项目为例,具体介绍电竞专项操作演示的官方展示场景和传播渠道展示场景。

(1)官方展示场景。英雄联盟官方网站如图4-15所示,主界面包括游戏资料、商城/合作、社区互动、赛事官网、自助系统等模块。主界面中央是官方最新活动,右下方有综合栏、公告栏、赛事栏、攻略栏和社区栏,即收集信息的综合区域。公告栏中多为版本更新公告,即装备、英雄、云顶模式的更新,赛事栏中含有近期比赛相关的资讯新闻、视频集锦等，攻略栏则是职业选手、路人高分玩家、资深测评人的经验之谈，如图4-16~图4-18所示。由此可见，仅是官方网站已经在很大程度上满足了各类人群的需求。

图 4-15 英雄联盟官方网站

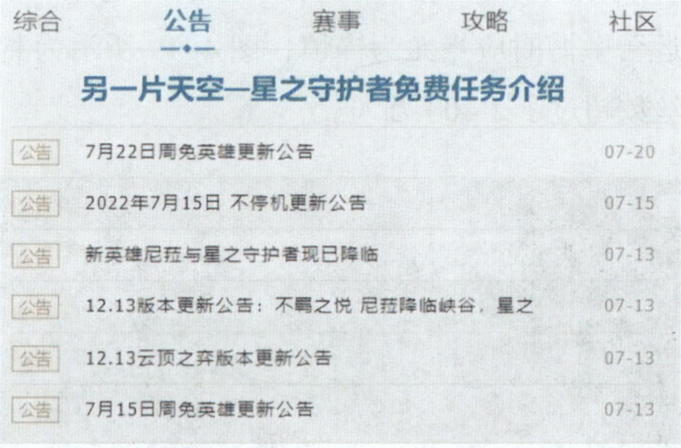

图 4-16 官方网站公告栏

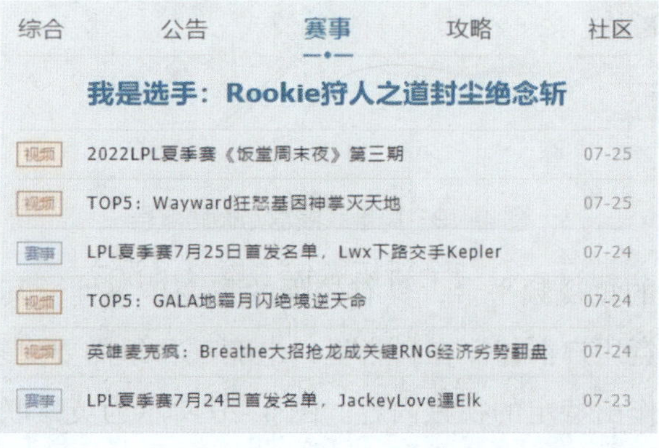

图 4-17 官方网站赛事栏

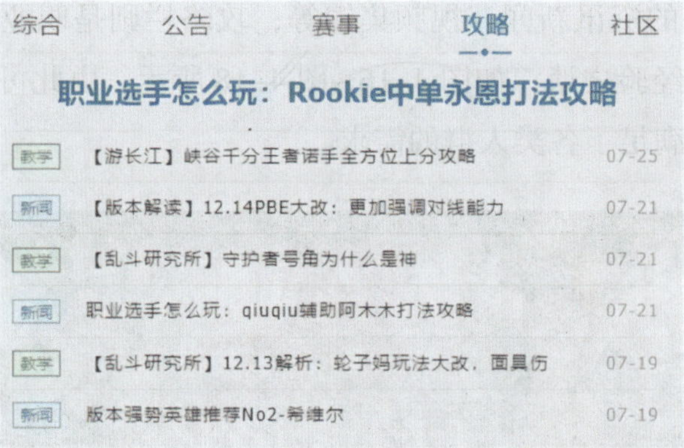

图 4-18 官方网站攻略栏

（2）传播渠道展示场景。除了官方网站这一展示场景，常见的还有各类自媒体社交软件上的官方账号，如微博、抖音、微信公众号、哔哩哔哩（bilibili）等传播渠道展示场景。

这几个平台对比来看，微博的新闻属性更强，更具公共媒体性质。因这种公共媒体性质，以及微博发布的内容、关注者数量、评论数一切皆可见的透明性，使得电竞项目组在运营微博时应当尤为谨慎，图 4-19 所示为英雄联盟官方微博账号，可以看到其粉丝数超过了 1 400 万人。

图 4-19 英雄联盟官方微博账号

抖音作为最大的短视频平台，具有较强的裂变传播性，其内容推送的算法也非常适合垂直的电竞用户群体。在抖音里，电竞项目组需要更多地去创造和创新，针对项目受众群体作出特定的视频内容。图 4-20 所示为英雄联盟职业联赛官方抖音账号，除了正式的赛事相关短视频外，抖音中也有"恶搞""整活"的相关内容。

图 4-20　英雄联盟职业联赛官方抖音账号

与其他平台相比,微信公众号最大的特点是文字性更强,可以通过后台的用户分组和地域控制,实现精准消息推送。需要更详实、完善的内容发布渠道时,微信公众号是不二之选。图 4-21 所示为英雄联盟官方微信公众号。

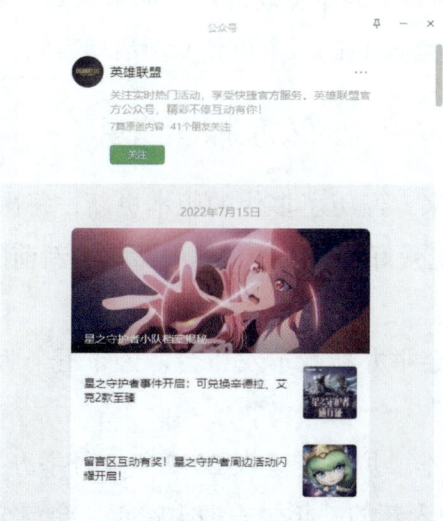

图 4-21　英雄联盟官方微信公众号

随着哔哩哔哩拿下 S 系列赛直转播权,英雄联盟赛事官方账号开始运营,这里的内容更专注于赛事资讯和比赛,如图 4-22 所示。

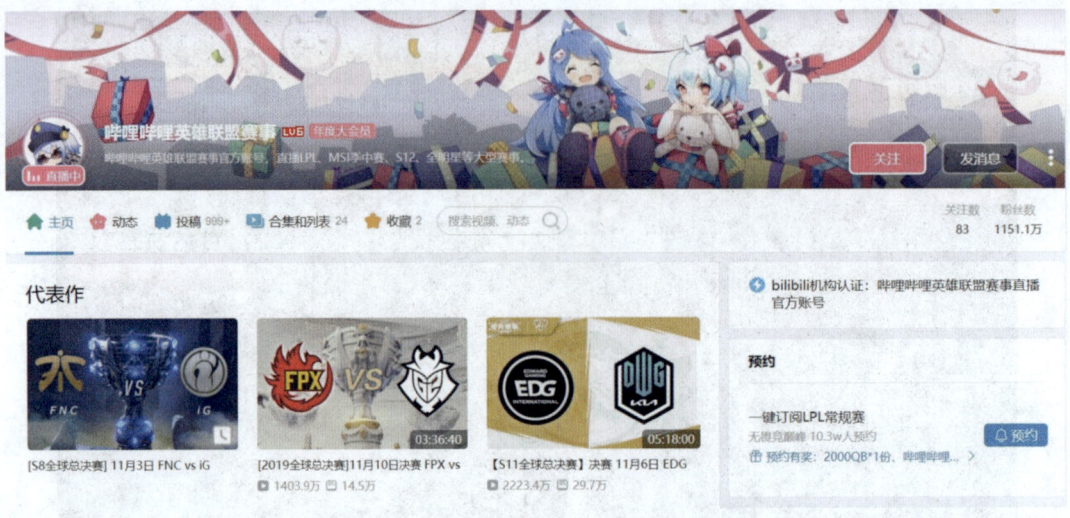

图 4-22 哔哩哔哩英雄联盟赛事官方账号

学习单元 2　电竞专项操作演示示例

鉴于不同的电竞项目内容各不相同，电竞专项操作也会聚焦不同的关注点。根据研究表明，每个电竞项目的版本更新专项活动都受到特别关注。本学习单元以炉石传说和永劫无间两个电竞项目的版本更新专项活动为例，详述电竞专项操作演示。

一、炉石传说版本更新的专项操作演示

炉石传说自上线以来，经历了多代的版本更新，每次版本更新后，全新的卡牌与机制会吸引大量新老爱好者的关注，这时版本更新前的预热就显得尤为重要。

1. 官方发布会

一般炉石传说官方会举办新版本发布会，公布下个版本的项目背景、全新卡牌、新关键词等。

例如，针对 22.6 版本，炉石传说在 2022 年 4 月举办"炉边闲谈"（新版本发布会），宣布炉石传说进入新的一年——多头蛇年，会与全新拓展包"探寻沉没之城"一起上线，如图 4-23 所示。炉石传说的总监与设计师等对"佣兵战纪""标准模式""酒馆战棋"进行详细介绍，并总结狮鹫年，展望多头蛇年。多头蛇年计划如图 4-24 ~ 图 4-27 所示。

图 4-23 "探寻沉没之城"版本宣传图

图 4-24 炉石传说多头蛇年计划

图 4-25 多头蛇年第一阶段计划

图 4-26 多头蛇年第二阶段计划

图 4-27　多头蛇年第三阶段计划

扩展包内容会在发布会中简短提及，全部卡牌需要电子竞技员去官方网站获取相关资讯。单击"购买卡包""了解详情""解锁炉石通行证"会跳转至不同的页面，炉石传说官方网站页面如图 4-28 所示。

图 4-28　炉石传说官方网站页面

单击"了解详情"，会跳转至新版本主题页，其内容为新的扩展包介绍，如图 4-29 所示。

图 4-29　单击"了解详情"后的新版本主题页

（1）新种族。种族的词条可以在卡牌的正下方看到，每一个种族都有其特色，可能会与某职业形成联动。例如，猎人与野兽、骑士和机械、术士和恶魔。在"探寻沉没之城"扩展包中，推出了全新种族纳迦，纳迦会与法术形成联动。炉石传说官方网站对纳迦的介绍包括图文描述以及视频动画演示，如图4-30和图4-31所示。

图4-30　炉石传说官方网站纳迦图文描述

图4-31　炉石传说官方网站纳迦视频动画演示

（2）新关键词。关键词指的是在卡牌的描述中加粗字体的描述。例如，"探寻沉没之城"版本之前的关键词为"暴怒""可交易""荣誉击杀"等，在新版本中推出的新关键词包括"巨型"与"探底"。

1)"巨型"是基于版本背景推出的新关键词。巨型随从因其体型庞大,一张卡牌容不下本尊。它们带有附属物,能够与本体产生强大的配合,即使不从手牌中使用,每当巨型随从被召唤上场时,也会同时召唤附属物。巨型+X的意思为,该巨型随从上场时可召唤出X个附属物,巨型随从如图4-32和图4-33所示,巨型视频动画演示如图4-34所示。

2)"探底"是全新关键词,使用带探底关键词的卡牌可以检视牌库底的三张牌,然后选择一张将其置于牌库顶。艾萨拉的卡牌可以将一张更加强大的"沉没的"卡牌置于牌库底。探底会帮助电子竞技员找到关键的解场法术、组合技的核心,或者强大的"沉没的"宝藏。探底和沉没的宝藏图文描述如图4-35所示。

图 4-32 巨型随从盖亚手牌效果展示

图 4-33 巨型随从盖亚被使用上场效果展示

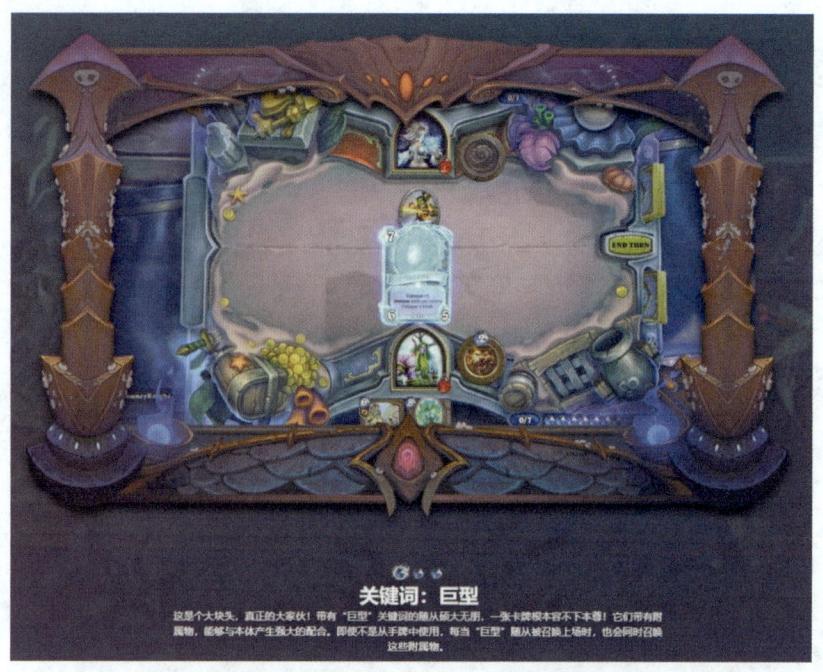

图 4-34 炉石传说官方网站巨型视频动画演示

图 4-35 炉石传说官方网站探底和沉没的宝藏图文描述

（3）退环境卡牌。退环境卡牌指的是退出标准模式不允许使用。这是暴雪官方为了新玩家可以更好适应游戏而设置的特殊机制，可以让新玩家上手更容易，避免卡池差距过大影响项目体验。退环境卡牌描述如图 4-36 和图 4-37 所示。

更丰富的核心系列

挥别狮鹫年，迎接多头蛇年，我们希望通过扩展系列来构建一套坚实的核心系列基础。我们喜欢核心系列在去年发挥的作用，但也期待能够对核心系列进行更新，以更好地符合新一年的目标。今年，57张卡牌将退出核心，72张卡牌将会加入系列——核心系列将包含总共250张卡牌，比去年还要多15张！

让我们向下列（暂时）不会在今年回归核心系列的卡牌告别：

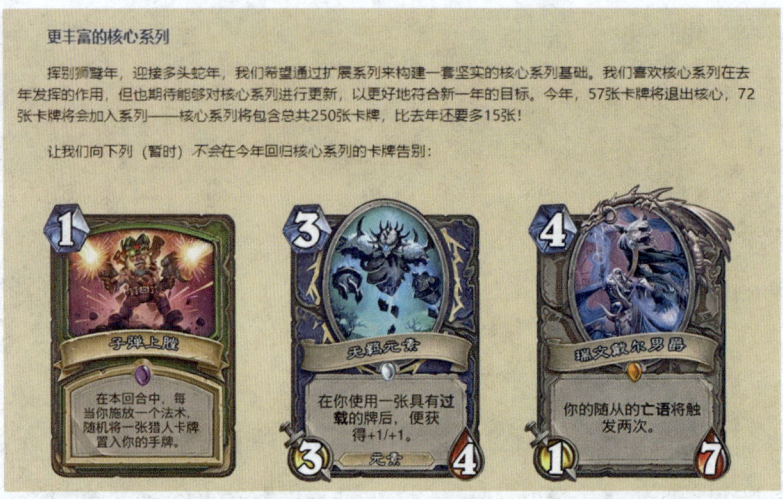

图 4–36　炉石传说官方网站退环境卡牌描述 1

恶魔猎手：灰舌将领、埃辛诺斯战刃

德鲁伊：魔法乌鸦、植树造林、展览馆守卫、诺达希尔德鲁伊、战争古树

猎人：食腐土狼、结网蛛、熊鲨、猎头者之斧、子弹上膛

法师：水元素、镜像实体、英雄之魂、考达拉幼龙

圣骑士：圣光术、正义追击、列王守卫

牧师：赤红教士、暗影形态、光耀之子、圣殿执行者、娜塔莉·塞林

潜行者：执刃教徒、耐心的刺客

萨满祭司：风怒、无羁元素、德莱尼图腾师、土元素

术士：恐惧地狱火、着魔村民、被奴役的邪能领主、末日仪式

战士：战歌指挥官、战争储备箱、战歌侦察骑兵

中立：奥术畸体、银色侍从、齿轮大师、年轻的女祭司、小个子法师、淡水鳄、毒物学家、光明之翼、大地之环先知、腐肉食尸鬼、冰霜暴怒者、负伤剑圣、穆克拉、蜘蛛坦克、石皮蜥蜴、瑞文戴尔男爵、古拉巴什狂暴者、大检察官怀特迈恩、贫瘠之地饲养员、发条巨人

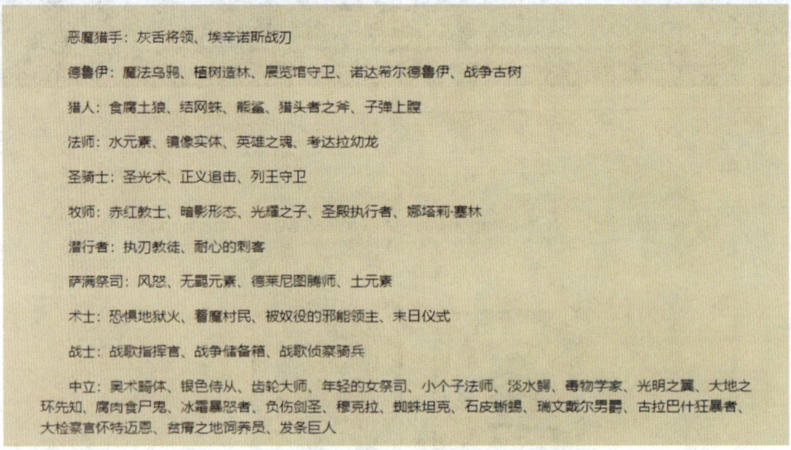

图 4–37　炉石传说官方网站退环境卡牌描述 2

（4）退环境卡牌回归。已经被移除标准模式的卡牌可能会在一次版本更新后重新回到标准模式当中。例如，受广大电子竞技员喜爱的卡牌“布莱恩·铜须”，是一张非常强力的传说卡牌，具有费用低、收益高的特点，是很多构筑卡组必带的卡牌。退环境卡牌回归图文描述如图 4–38 所示。

2. 自媒体垂类传播

炉石传说属于卡牌类项目，只要能看懂卡牌描述，了解项目机制，完成新手任务就可以很快上手。版本更新之后，爱好者一般会通过官方网站等了解新卡牌，其更深层次的解析和构筑需要通过主播、UP 主、论坛等获取。

（1）卡牌解析。每次版本更新之后，主播、UP 主等会对新版本卡牌进行评分，分为标准天梯与竞技场应用，标准天梯注重构筑，竞技场注重单卡质量。

图 4-38　炉石传说官方网站退环境卡牌回归图文描述

每个主播、UP 主的打分标准、总分略微有所不同，有些是 0~5 分，有些是 0~10 分。一般来说，评分越高，单张卡牌的强度越高。但主播和 UP 主的评价不一定准确，流传在炉石传说中有一个梗——"一分卡"，被戏称为"一分就后悔的卡"，简称"一分卡"。

主播和 UP 主的新卡解析还是有可借鉴之处的。例如，"探寻沉没之城"版本的新种族纳迦，根据官方网站的描述，很多主播和 UP 主判断纳迦更容易和法师形成联动，法师是受影响最大的职业。所以，新版本更新之后，"纳迦法"卡组横行。搜索关键词"沉没之城新卡讲解"页面如图 4-39 所示。

（2）卡组构筑。新版本更新之后，新卡牌会加入标准卡池，电子竞技员可以思考如何构筑新卡组，在论坛或社区与其他爱好者沟通交流，将自己的卡组代码贴在论坛或社区。在上传卡组之前，最好经过 10 场左右的实战检验，防止卡组出现较大漏洞。也可以将其他电子竞技员发布的卡组代码复制到项目中，进行实战检验。套牌和核心潜行者套牌界面如图 4-40 和图 4-41 所示。

单击右上角卡组头像，再单击复制，卡组代码就被复制到粘贴板中。社区卡组详情页面如图 4-42 和图 4-43 所示。

图 4-39　搜索关键词"沉没之城新卡讲解"页面

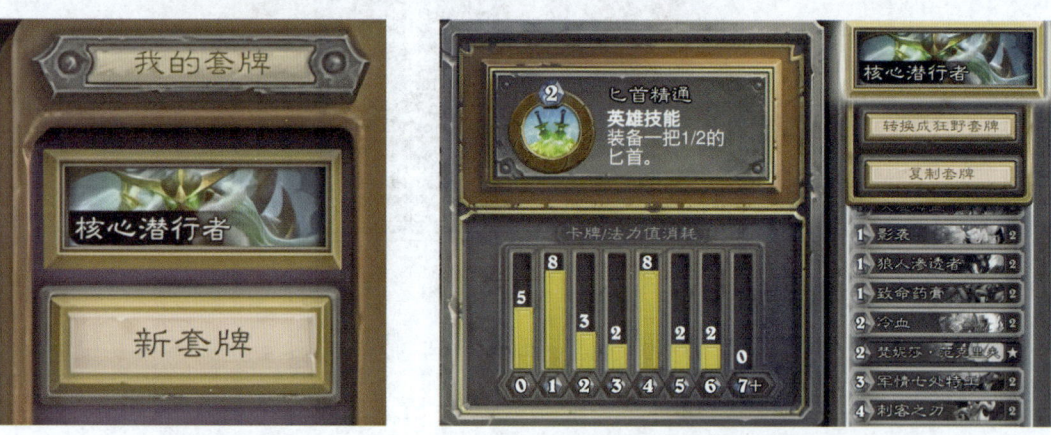

图 4-40　套牌界面　　　　　图 4-41　核心潜行者套牌界面

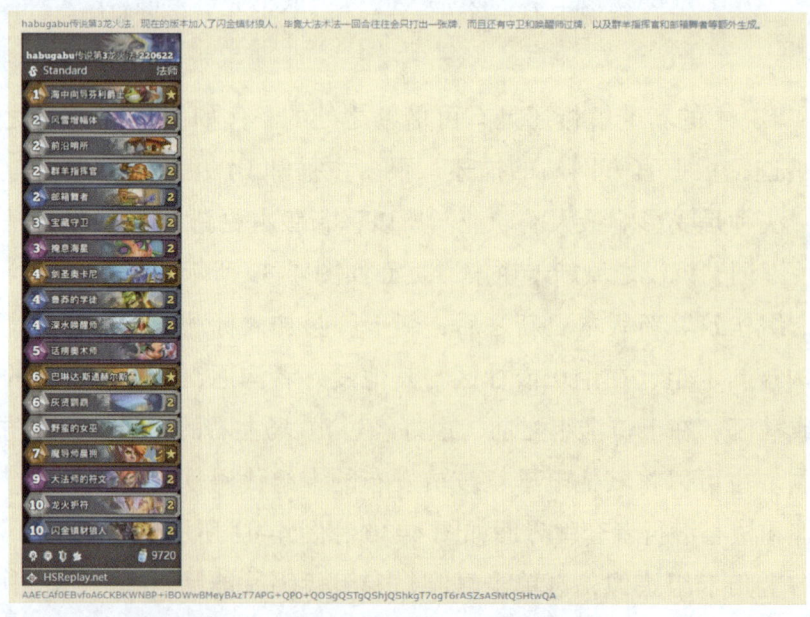

图 4-42　NGA 玩家社区中卡组详情页面

图 4-43　旅法师营地套牌广场中卡组详情页面

二、永劫无间版本更新的专项操作演示

永劫无间是一款多人动作竞技项目。为了维持项目热度,增加老玩家游戏体验,吸引新玩家进入,工作室每隔一段时间就会推出新的版本内容,例如新英雄、新武器、新魂玉等。

1. 官方发布

一般永劫无间官方会直接在官方网站进行公布下个版本更新的英雄、武器、魂玉等。

(1) 新英雄。英雄是玩家在项目当中操控的角色,不同的英雄具备不同的技能。新英雄的出现可能会改变之前项目战术,新英雄的技能会给项目对抗产生较大的影响,如崔三娘、岳山、顾清寒等。新英雄岳山出来之后,天海加胡桃加岳山的阵容较流行,岳山和天海都可进行变身,胡桃可提供续航能力,俗称"变形金刚"。

2022 年 5 月 21 日的版本更新后,永劫无间增加了新英雄武田信忠,并在官方网站首页放置武田信忠实机演示视频,单击之后会跳转至哔哩哔哩永劫无间官方账号发布的视频页面,可使玩家了解新英雄,并可增加哔哩哔哩永劫无间官方账号的热度及关注度,如图 4-44~图 4-46 所示。

视频有武田信忠实机展示和技能展示。在技能展示当中,对武田信忠 F 技能、V 技能及其分支进行介绍,对玩家了解新英雄有所帮助。通过实机演示可以吸引玩家对新角色产生兴趣。

全新内容

一、新英雄：末路之鬼·武田信忠

平生不思欲，凡事皆无悔。

即使被世人以不忠不义之名唾弃，武田信忠也定不相负挚友所托。

若行至末路，便以手中之刃，尽斩身前障碍！

（当前版本暂不开放第三个分支技能及奥义）

图 4-44　永劫无间新英雄武田信忠公告内容

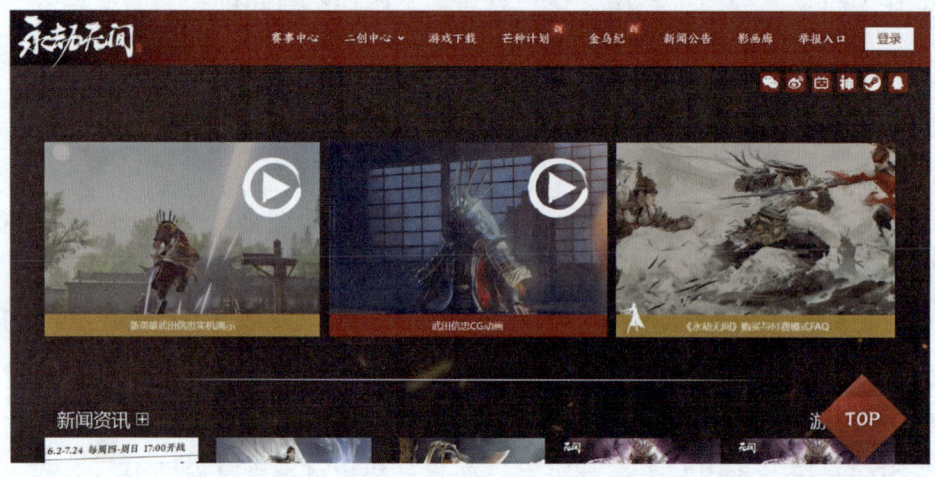

图 4-45　永劫无间官方网站首页

（2）新武器。百家兵器，各有所长，在永劫无间当中同样适用。每种武器都有其优势与劣势，官方也会根据当前版本武器胜率及武器出场率进行调整，做到相应的动态平衡，避免出现"一家独大"的情况。新武器的出现在一定程度上也会改变项目当前环境，增加对抗性。同新英雄一样，哔哩哔哩永劫无间官方账号也会对新武器进行实机演示，如图 4-47 所示。

（3）新魂玉。魂玉除了会增加基础属性外，还会改变武器招式的形态，这也是永劫无间魅力所在。新魂玉会在公告中贴出，并与新英雄、新武器一样，在哔哩哔哩永劫无间官方账号上进行实机演示，如图 4-48 所示。

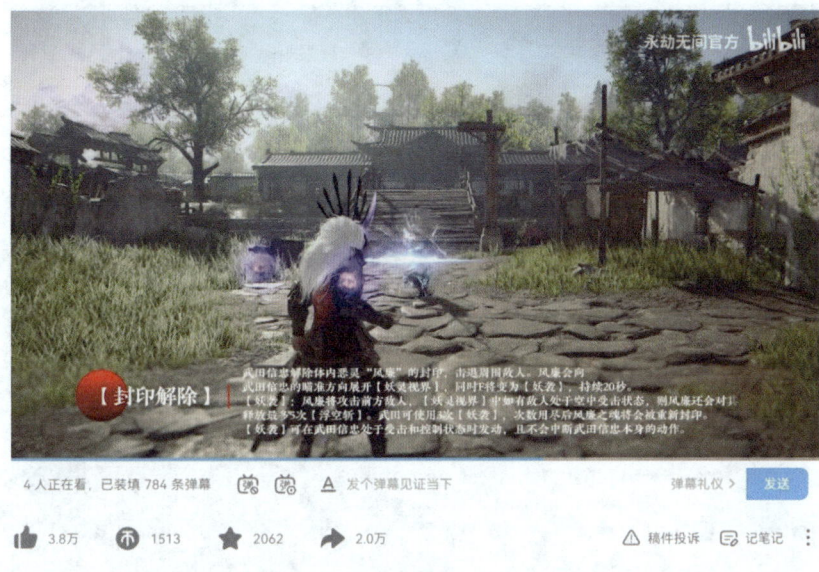

图4-46　哔哩哔哩永劫无间官方账号武田信忠技能演示页面

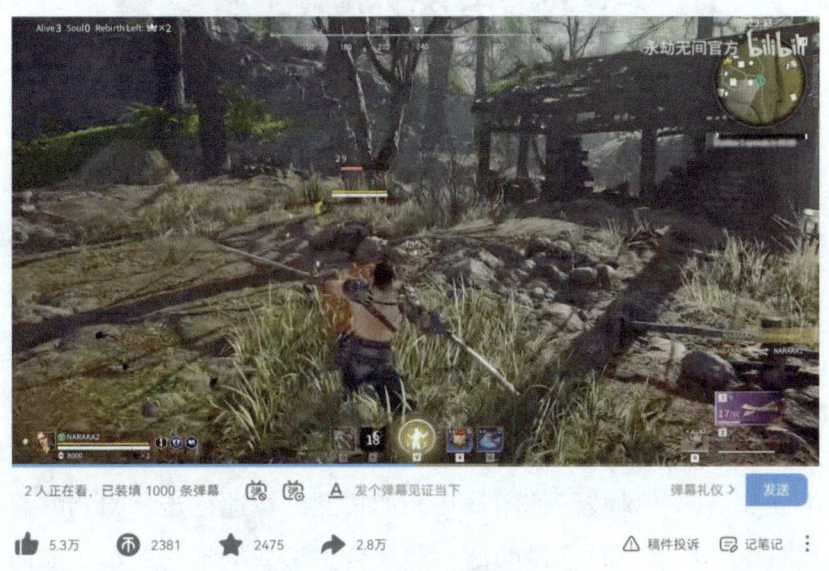

图4-47　新武器双刀实机演示

2. 自媒体垂类传播

（1）视频分享平台。这些平台上有大量的玩家和创作者上传的游戏视频，包括教学、演示、攻略、精彩集锦等，如图4-49所示。

图 4-48 新魂玉实机演示

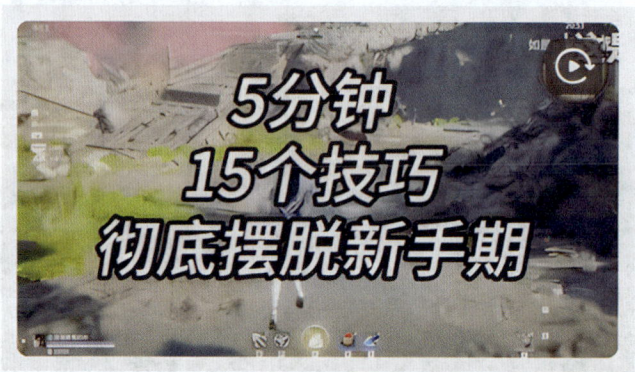

图 4-49 永劫无间操作技巧视频

永劫无间的视频内容可以直观向玩家演示操作技巧的细节，如在高处利用重力进行快速下落攻击，或在狭窄的通道中利用墙壁进行反击。同时，也能清晰演示游戏中不同武器的特殊技能使用技巧，如长剑的快速连击、阔剑的蓄力反击和大锤的震撼打击等。每一种武器的演示都结合了实战场景，展示了如何在不同情境下选择合适的攻击方式。

（2）游戏社区和论坛。这些游戏社区和论坛是玩家交流、分享经验的重要场所。玩家可以在这里发帖询问问题、分享心得、讨论游戏策略等，内容深度较高，玩家之间的互动也较为频繁。游戏社区和论坛的操作演示多以图文的形式呈现，相比于其他自媒体渠道更简洁、精炼。

以 NGA 玩家社区为例（见图 4-50），有一个专门的永劫无间板块，聚集了大量热爱这款游戏的玩家。玩家们会在这里分享自己的游戏经验，解答其他玩家的疑问，讨论游戏中的各种问题。一些资深的玩家会发布详细的攻略和心得，包括如何快速上手、如何提升游戏水平、如何解锁隐藏要素等。这些攻略和心得通常结合了玩家的实际游戏经验和深入的游戏理解，对新手玩家来说非常有用。

图 4-50　NGA 玩家社区问答帖子

（3）直播平台。直播平台上的游戏主播通常会进行实时游戏直播，并在直播过程中展示他们的操作技巧和游戏经验。在直播中，主播会实时展示他们的游戏过程，包括如何操作角色、如何选择武器、如何制定战斗策略等。观众可以通过弹幕与主播进行实时互动，提问、分享经验或者讨论游戏中的各种问题。

分析、判断人机操作演示的主要受众对象。

培训课程 2

电竞专项人机操作讲解

学习单元 1　人机操作讲解应用场景和要点

一、人机操作讲解应用场景

讲解是对某一事物进行语言描述，对其内在含义进行解释说明，且具备声音属性。所以，人机操作讲解的应用场景更多是在视频当中，对画面当中展示的人机操作进行讲解。

1. 发布会讲解

发布会讲解更偏向于设计师向观众进行讲解，语言风格更贴近于生活，更加自然，与观众互动部分较多。设计师用通俗、易懂的语言向观众传递设计思路，或是一名英雄、一张卡牌的效果，使观众能更快地了解。

2. 宣传视频讲解

宣传视频讲解更加正式化，是对一种事物（可以是英雄、卡牌、地图等）进行描述。一般这种讲解方式会出现在新物品、新机制、新英雄的实机展示视频当中，内容较为简单，配音员按照稿件进行配音即可，不需要进行深度思考或具备相应的项目知识。

二、人机操作讲解要点

项目推新之后，一般会受到大部分爱好者的好评。虽说百次模拟，不如一次实战，但如今大部分人没有多余时间通过先摸索、再训练的方式，来提升项目熟练度，所以视频讲解受到大部分爱好者的欢迎。讲解者将自身的体会、感受，进阶技巧讲解出来，爱好者便可了解到新物品、新机制等的核心要点。做到快速上手，甚至熟练掌握。

例如，MOBA 类项目新英雄分析讲解的要点一般为：技能讲解、加点顺序讲解、连招讲解、项目讲解、对线技巧讲解、对位克制关系讲解、对游戏环境改变讲解等。

射击类项目新武器分析讲解的要点一般为：武器属性讲解、适用场景讲解、进阶使用技巧讲解、对游戏环境改变讲解等。

卡牌类项目新卡牌分析讲解要点一般为：卡牌文本描述讲解、适用场景讲解、搭配讲解、对游戏环境改变讲解等。

学习单元 2　人机操作讲解技巧

一、讲解前的材料准备

讲解前应了解视频讲解的内容，准备好讲解稿件，分析用户喜欢哪种语言风格，提前进行备稿。

二、讲解时的语言松弛

后期配音与直播讲解需要语言松弛、自然，不需要刻意追求音色响亮或清甜，声音状态应自然。

三、讲解时的话筒位置

话筒是语言创作的工具，应学会驾驭话筒，距离话筒远会造成声音虚空，距离话筒近会造成声音发劈。讲解者的声音不要刺耳，要令观众听得舒服，听得清楚。

话筒是固定的，人是活动的。讲解者在讲解时尽可能将嘴巴与话筒的距离固定，避免听众听到的声音忽大忽小、高低不一。

四、讲解时的内动外静

录音棚里需要绝对安静，调好讲解者与话筒之间的位置，就不允许前后左右乱动。如果讲解项目中较为困难的技巧时，要求讲解者做到内动外静，要使听众感到身临其境。

五、讲解时的情绪把控

不同的讲解内容使用不同的情绪。例如，从项目推出时就存在的道具，在某次版本更新之后就退出了历史舞台，相对应的讲解情绪需要较为遗憾、失落，那么要求讲解员的情绪要与画面内容相匹配并进行合理分析。

六、讲解时的知识介绍

不同类别项目有不同的风格和知识背景，有些英雄角色是原型创造，有些英雄角色属于独立创造，不能为了夸张效果就任意胡说。

要精准介绍知识和专业术语，这样才能让观众听得懂。

请选择一款电竞项目，完成3～5分钟个人操作讲解。